花を、水を、夢を継ぐもの

FFCテクノロジーで地球環境改善に挑む！

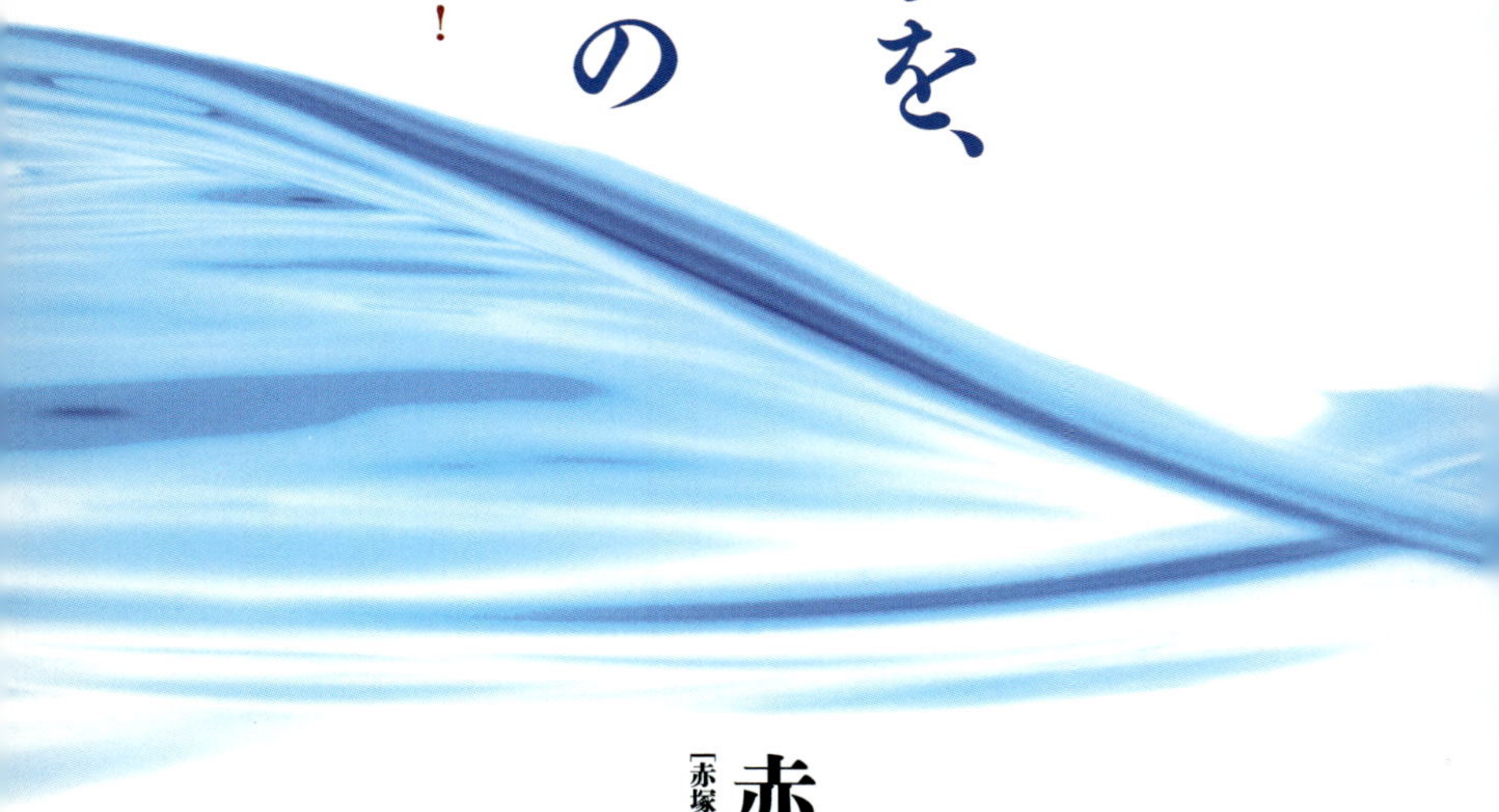

赤塚耕一◎著

［赤塚植物園グループ　代表取締役社長］

ワニブックス

花を、水を、夢を継ぐもの

ＦＦＣテクノロジーで地球環境改善に挑む！

はじめに

二〇一〇年十月、日本でＩＧＣＡ（国際ガーデンセンター協会）の世界大会が開催されました。

世界十七カ国の園芸団体が加盟し、情報交換と相互発展を目的としたＩＧＣＡでは毎年一回、メンバーの一国がホストになっての世界大会を開催しています。

日本が本格的にＩＧＣＡ世界大会を日本で開催する準備を始めたのが二〇〇四年のニュージーランド大会から（このときはオブザーバーとしての参加）。その後、二〇〇七年にようやくＩＧＣＡの正式メンバーとして承認されて加盟国となり、さらに四年後に日本大会が実現しました。

今回の日本大会は六年越しの願いがかなっての実現に加えて、アジアでは初の開催という記念すべき大会だったのです。

当時、赤塚植物園の常務取締役だった私は、この大会の実行委員長を務めさせていただき、日本の園芸業界、園芸関連企業の方々にも多大なご協力をいただきました。その際、大会の準備を進めながら、私はあらためて、あることに気づきました。参加されているみなさんの多くが二代目、先代の後を継ぐ後継者だったということです。それは、日本の園芸業界には、まだそれだけの歴史しかないということの証しでもありました。

つまるところ、日本の園芸業界は、まだ始まったばかりなのです。

だから、私たちの世代、次に続く世代がもっと発展させていかなければならない。そしてその可能性は十分にあるということをあらためて強く感じたのです。

そんな日本の園芸業界をここまでリードしてきたのが私の父、赤塚充良《みつお》でした。父は若い頃にアメリカに渡り、そこで出合った「ガーデニング」に衝撃と感銘を受けて、日本の園芸の進むべき道を教えられたといいます。

そして、いまから五十年前の一九六一年（昭和三十六）、当時の三重県安芸郡高野尾村（現在の三重県津市高野尾町）に「赤塚植物園」を創業しました。

それ以降、サツキや洋ラン、シャクナゲなどの栽培とその大衆化に尽力して「日本に園芸ブームを起こした男」「日本の観葉植物、ガーデニングの仕掛人」とも呼

2010年10月、IGCA日本大会で実行委員長を務め、開催の鐘を鳴らす筆者

ばれています。

その父いわく、アメリカをはじめとした海外の園芸業界は、言わば日本の園芸の恩師。その教えを受けたからこそ、いま現在の日本におけるガーデニングの発展があるのだと。

いつの日にか、海外の園芸業界に「おかげさまで日本の園芸はここまで発展した」という姿を見せることで恩返しをしたい。

父は、ずっとそう願っていたのです。

世界に向けて日本の園芸業界のいまの姿をアピールできる今回のＩＧＣＡ日本大会は、まさに父の願った恩返しの絶好の機会でもありました。

結果として、日本大会は大成功を収めることができました。日本独自の庭造り文化から新しいガーデニングのスタイル、さらに園芸を通じて日本の和の心、おもてなしの心などを海外のメンバーの方々にお伝えできたと確信しております。

実行委員長として、無事に責務を果たすことができた安堵と喜びはもちろんです。しかしそれ以上に、息子として父の長年の願いを、たとえ少しでもかなえることができたことも、大きな喜びを伴った充実感となって私の心に残っているのです。

園芸といえば植木、盆栽が主流で、庭造りといえば侘《わ》び寂《さび》の日本庭園だけだった日本に、父が人生をかけて欧米のガーデニングを取り入れてから、まだたったの五十年しか経っていません。

父が手を真っ黒にして種を蒔《ま》き、芽吹かせ、花開かせてきた「日本の園芸」という花を、より大きく、より美しく咲き誇らせるのは、私たち後を継ぐものの務めです。

その思いを胸に抱いて私は、二〇一一年一月、父から赤塚植物園など三つの会社を擁する赤塚グループの代表取締役社長を引き継いだのです。

※

家を、道を、街を、山を、いたるところを美しい花と緑でいっぱいにしたい。人は誰しも、そう願っています。

しかしいま、花が根を張る大地が、花に命を与える水が、大変なことになっています。

美しい自然を求めてやまない人間が、その一方で自然をないがしろにする営みによって土や水や空気を汚しています。

母なる大地、母なる地球はいま、環境汚染で満身創痍《まんしんそうい》、瀕死の状態なのです。

私が子どもの頃、周囲には自然があふれていました。川は澄みきり、海は青々とし、山には草木が生い茂り、町中には花が咲き誇っていました。

しかしいまの子どもたちが大人になったとき、彼らの記憶に自然の恵みや美しさが残されているでしょうか。

いまの子どもたちは、昔、私たちが毎日の遊びを通じて、自然の生態系から学んだ生命の大切さや尊さを、どうやって知るのでしょうか。

いまこそ、私たち世界中の人間は、自然を取り戻さなければいけない。そう強く思います。

傷ついた地球を救い、体力の低下した大自然の生命力を取り戻すことは、私たち大人の最大の責任であり、何をおいても果たさなければならない義務でもあります。

そのために、一人ひとりに何ができるのか。誰もがそれを考えなければなりません。

「花と水で、人を、地球を再生する」――私の父はそれを、花と水を育てること、園芸業界を活性化することで果たそうとしました。

無私の精神、限りない挑戦の精神で、人と自然の再生に人生を賭《と》してきた父。その信念が少しずつ実を結び始めています。

日本の園芸業界に新しい風を起こし、その後の発展の礎《いしずえ》を築いたのは、間違いなく父・赤塚充良の功績です。私は、そのことを心から誇らしく思っています。

そして――。

その父が出合ったのが、「ＦＦＣ」という未知の可能性を秘めたテクノロジーでした。汚染された水に苦しむ花々をなんとか救いたい。その父の思いが、「命を育む水」を作る技術を引き寄せたのでしょう。

未来への光明を見いだした父は、花と園芸に打ち込んできた自分の人生の後半を、この技術と水に賭けることを誓いました。赤塚グループの代名詞ともなっている「ＦＦＣテクノロジー」はこうして生まれたのです。

日本に新しい園芸スタイルを根付かせようと奔走した父のもとに、「ＦＦＣ」という水の再生技術との出合いが訪れたこと、それは紛れもなく運命だと私は信じています。

「花と水による人と地球の再生」――それは天が父に、そしてその意志を継ぐものたちに与えた使命だと思うのです。

水と、花と、生命と、直《じか》に触れ合うことを企業の営みにできる喜びと幸せ。

そのやりがいと背負うべき責任。

待ったなしの地球環境を前にしたいまこそ、私たち赤塚グループの存在意義が大きく問われるときでもあります。

父は五十年間にわたり、人生を投げ打ってその使命を果たしてきました。そしてこれからは、私がその意志を受け継いで、全身全霊をかけてその使命に挑んでいきます。

それこそが、この世に生をうけた私が歩むべき道だと思っているのです。

本書は、そんな私の決意を記した言わば宣言書です。いまの私のもととなっている父の理念や母の愛情、そして私が思い描いているこれからの赤塚グループのあるべき姿などを、思いつくままに書き記しました。

つたない文章ではありますが、その言葉から、行間から、赤塚グループの未来図と、不退転の思いで使命に挑む私の覚悟を感じ取っていただければ幸甚に存じます。

二〇一一年九月　(株)赤塚植物園
(株)赤塚
(株)エフエフシー・ジャパン
代表取締役社長　赤塚耕一

目次

第二章　一社員として、後継者として——赤塚グループと私

第三章　世界中の子どもたちの未来のために
——私が目指すこれからの赤塚、そしてＦＦＣ

ＦＦＣ普及会を、より価値あるビジネススタイルに　156
子どもたちの未来を託せる地球を取り戻すために　162
自然が育む美しい心　～子どもたちに「花育」と「水育」を　168
ＦＦＣの未知なる可能性を追って　～予防医学から遺伝子情報読み取りまで　172
五十年後、百年後、ＦＦＣが地球の財産となるように　176

第四章　夢の担い手へのエール

父から子へ　～赤塚充良（赤塚グループ三社　代表取締役会長）　182
母から子へ　～赤塚ひさ子（赤塚グループ三社　代表取締役専務）　191
兄から弟へ　～森定 淳（株式会社赤塚　常務取締役兼東京支店長）　195
姉から弟へ　～森定昌代（株式会社赤塚植物園　取締役兼株式会社赤塚　執行役員）　202
姉から弟へ　～谷 公美（株式会社赤塚植物園　取締役）　206

●本書中の用語解説

■ FFC テクノロジー (FFC)

赤塚グループが開発した、水の生命をよみがえらせる技術です。語源は特殊な鉄分（Ferrous Ferric Chloride）の頭文字に由来しています。

ＦＦＣは、生命の誕生や進化に深く関わった太古の水や、植物の光合成、自然界で浄化される水の循環機構、土壌中の物質循環などの総合的な研究から生まれました。

ＦＦＣテクノロジーの、ものが腐敗・酸化する方向から生きていく方向へと変える働きは、さまざまな研究機関でも実証されており、ご家庭だけでなく産業分野でも幅広く活用されています。

水や植物、大自然の仕組みに学び、「自然の叡智」を技術であらわしたＦＦＣテクノロジーは、健康と環境、経済の善循環を可能にする、いままでにない21世紀型の新技術といえます。

◎ FFC テクノロジーの3つの特徴

1 酸化と還元のバランスを整え、動植物の機能や活性を高める
2 土壌を改質し、自然界の物質循環を円滑にする
3 水を活性化し、水の循環によって周囲の環境を改善する

■ FFC パイロゲン (パイロゲン)

FFCから生まれたパイロゲンは、無限の可能性を持つFFCウォーターと体によい酢やビタミン、ハチミツなどをブレンドした清涼飲料水。誕生より25年以上経つロングヒット商品です。

■ FFC 普及会 (普及会)

FFCテクノロジーを応用して開発された『FFC パイロゲン』をはじめとするFFC製品をご利用いただき、その素晴らしさの輪を口コミで広める活動をしていただいている会 (2005年にカトレア会から名称が変更された)。「一人の健康から地球の未来まで」をテーマに、その達成を目指して全国各地でさまざまな普及活動を行っています。

第一章

理念と行動の人、愛と慈しみの人

——父のこと、母のこと

赤塚グループを引き継いだいまの私にとって、何よりも大きな存在、それは父・赤塚充良と母・赤塚ひさ子です。

この父とこの母、ふたりの存在なくしていまの私はあり得ません。私を生んでくれたから、親だから、ということではありません。このふたりほど私の人生に、人格形成に大きな影響を与えた人間はほかにいないのです。

この人たちの後を継ぎたい。この人たちの夢を受け継ぎたい——。

私が、それこそ「不退転の思い」で使命に挑む覚悟を持つことができたのも、父と母の人生というか、その生き方に、ひとりの人間として大きな共感を覚えたからです。

そこで、私のことを書く前にまず、私を私たらしめてくれた父と母について、少し触れておきたいと思います。

「社長九割、父親一割」～家にいない「すごいお父さん」

私が生まれたのは一九六八年。赤塚植物園は創業八年目を迎え、すでに着手していた洋ランの組織培養技術を確立し、大量生産を始めた頃のことです。会社として大きく成長している、言わば〝伸び盛り〟の真っただ中でした。もちろん、父は自分の時間のすべてを捧げるかのごとく仕事に没頭しました。アメリカに渡って洋ラン市場を視察する。ブラジルでシンビジューム栽培についての講演をし、後に支社としてブラジル赤塚植物園を設立する。アメリカから西洋シャクナゲの苗木輸入を始める。その合間を縫って〝洋ラン先生〟としてNHKのテレビ番組に出演し、新社屋を建設する――。

当然ながら、家でのんびりする時間などありません。ですから私が幼少の頃、父が家にいないのは至極当たり前のことだったのです。父と遊んだという経験もあまりなかったと思います。

それでも、さびしいと感じたことはありませんでした。私の周りにはたくさんの〝家族〟がいたからです。家には母がおり、父方の祖父母、母方の祖母がおり、七つ上と五つ上のふたりの姉がいました。現在では珍しくなった大家族だったのです。

ただ、父だけがいなかった。しかし、わが家には他にも多くの〝家族〟がいました。それは植物園の従業員や、住み込みで暮らしていた研修生の方々です。

当時の赤塚植物園は、将来園芸家を目指す若者たちを募集して、三カ月ほどわが社で研修をした後にアメリカに派遣する「派米研修生」という制度を設けていました。

父は自宅を増改築して毎年何十人とやってくる研修生を受け入れ、彼らは私たち家族とひとつ屋根の下、一緒に生活していたのです。

さらに従業員の方々も、社長である父と専務である母を慕って、折に触れて顔を出してくれました。

そんな環境で育った幼い私にとって、研修生や従業員の方は家族と同じ。みな頼れるお兄さんであり、やさしいお姉さんだったのです。

たとえば当時は月に一回、従業員や研修生みんながわが家に集まって、夕食会をするのが恒例になっていました。定番メニューは「すき焼き」。広間にテーブルをズラっと並べて、大勢でワイワイと鍋を囲むわけです。

当時を知る従業員の方に聞くと、最初に父が話をするのですが、いつも話が長く、美味しそうにグツグツと煮えているお肉を前にしても、ずっと話し続けている。

それでもみんなが我慢していると、祖父がひと言「まあ、そろそろええやないか」と言ってくれて、ようやくお肉にありつける——毎回、そんなパターンだったようです。

みんな食べたいのを我慢しながら、「おじいさん、早く声をかけてくれないかな」と待っていたらしい。話し好きで一度話し始めるとなかなか終わらない、そんな父らしいエピソードだと思います。

お客様はもちろん、従業員、将来ある若者、そして周囲のすべての人を大切に——そんな両親の思いがあふれている赤塚グループは、企業というよりもひとつの大きな家族です。

社員は子どもたちで、社長はみんなの父、専務はみんなの母というアットホームな空気に満ちあふれている。こうしたあたたかい社風はいまもまったく変わっておらず、それが私の誇りでもあるのです。

正直、当時の父の役割配分は「社長九割、父親一割」ぐらいの比率だったと思います。家にはいない、会話はない、頭の中は仕事だけ。この九対一という数字だけを見れば、父親としての役割はほぼ果たしていないと思われてしまうでしょう。

仕事が命で家庭を省みない父親がたまに早く帰宅したら、子どもに「おじさん、こんばんは」と言われた。いないことが当たり前になっていると、父親の存在そのものが忘れられてしまう——そんな、笑うに笑えない話もあると聞きます。

しかし、私の場合は違っていました。ほとんど家にいなくて会話もないのは同じでしたが、それでも父の存在はことのほか大きかった。

たしかに、珍しく父が家にいるので「どうしたの?」と聞くと、「おまえには言ってなかったな、昨日までブラジルに行ってたんだよ」なんていうことが普通にある人でしたが。

それでも、思えば私は幼少の頃から、すでに父を尊敬していました。いや、まだ子どもでしたから、尊敬の念というよりは「ボクのお父さんはスゴイ人なんだ」「素晴らしいことをやっている人なんだ」という自慢の気持ちに近かったかもしれません。

そして、さらに私にそう思わせてくれたのは、周囲の人々の声でした。たとえば夕食会などの場で従業員の方々から語られる「父への信頼」「父の仕事への情熱」。訪れたお客様から聞こえてくる「父の仕事ぶりの素晴らしさ」。一緒に暮らしている研修生たちが教えてくれる「父の懐の深さ」「面倒見のよさ」。近所の方々から聞こえてくる「赤塚植物園への高い評価」。

直接コミュニケーションをとる機会が少なくても、多くの人々に信頼され、尊敬され、慕われている父の姿は、父を語る人々の言葉を通して私の心に伝わり、しっかりと刻まれていきました。

そばにいなくても、父は私にとって常に〝すごいお父さん〟だったのです。

六歳児に、人生の岐路で進路を自分で選ばせた父

仕事一筋で、親子らしい会話をする機会も少なかった父ですが、数少ないやりと

りの中で、いまでも強く印象に残っていることがあります。

たとえば、まだ私が幼稚園児の頃のことです。

私は地元である三重県津市高野尾町の幼稚園に通っており、近所の友だちと元気に遊びまわる毎日を過ごしていました。年長組になって来年から小学生というときも、子ども心に、そのまま友だちと一緒に近くの小学校に進むものだと疑いもしませんでした。

ところがあるとき、父は私に「地元の小学校ではなく、三重大学の附属小学校に行く気はないか」と聞いてきたのです。

三重大学附属小学校は津市の中心部にある小中一貫の進学校。そちらに行けば友だちとも離れ離れになってしまいます。私にしてみれば当然、仲良しのみんなと同じ小学校に行きたかった。でも父は、

「お父さんは、附属の小学校に行くほうが、耕一の将来の人生にとって大きなプラスになるんじゃないかと考えているんだけど、どう思う?」

と問いかけてきました。

「父さんの言うとおりに附属へ行きなさい」という強制ではなく、あくまでも「私はいいと思うけれど、あなたはどう思う?」と、私に提案したのです。

私は六歳にして、早くも〝自分の進路を自分で選ぶ〟ことになりました。そして、私は附属小学校に進むことにしました。もちろん決めたのは私自身です。

「進学することを考えたら附属のほうがいいのかも」

「向こうの学校でもすぐ友だちはできるよ」

「いまの友だちとは学校から帰ってきてからでも遊べるし」

——子どもなりに、いろいろと考えた末での決断でした。

実際に小学校に通い始めてしまえば、そこは子どものこと、すぐに新しい環境にも慣れ、友だちもできて、入学前のさびしさや不安など吹き飛んでしまったのですが。

まだ小さかった頃のこの出来事をいまでも鮮明に覚えているのは、子ども心に、父の生き方、考え方というものを強く感じ取ったからではないかと思います。

たとえ幼稚園児でも、子ども扱いして親の考えを一方的に押し付けず、本人の選択を尊重する。若い頃から自分の生きる道を自分で決めて切り拓いてきた、実に父らしい方法だったと思います。

そして幼いながらも〝自分で決めた〟というこの経験は、大人になって会社を任されるような立場になったいまでも、私の拠《よ》りどころであり、大きな自信になっているのです。

いいと思えばすぐにやる、「善は急げ」の人

父の性格をひと言で言い表すならば、「善は急げの人」「いいと思ったらすぐにやる人」といったところでしょうか。いつも新しいことを考えていて「これはいいかもしれない」と思ったら、即行動。その決断力とフットワークのよさには敬服するばかりです。

象徴的なのは二〇〇五年に開港した中部国際空港（通称・セントレア）と津の港を結んで就航している高速旅客船「カトレア」を寄贈したエピソードでしょう。

中部国際空港へのアクセスは津市や三重県が取り組んでいた、言わば公共事業。そこに一民間企業が関わることになったのは、まさに父が「すぐやる人」だったからです。

そもそも二〇〇一年の秋、四年後には中部国際空港が開港するのに三重県からのアクセス手段が何も決まっていないことを知った父が、友人である当時の津の市議会議長さんに電話を入れたことがキッカケでした。

とにかくお金がない。港を造るには二十億円必要で、国が出してくれるのは十億円。残りは三重県と津市が五億円ずつ負担しなくてはならない。でも、津市では五億円も用意できない――。その電話で、議長さんからそんな話を聞かされたといいます。

すると父は、受話器を片手にその場で、隣にいた専務である母に、

「五億円あれば津に港ができるらしい。いい話やからぜひとも協力したいけど、どうやろな?」

「津のためなら、いいんじゃないですか」

平然と母。

結局、その会話だけで津市に五億円を寄付することに決めてしまったのです。当時、私はグループの常務になってまもなくの頃でしたが、父から話を聞くまでこのことをまったく知りませんでした。議長さんに電話をしてからほんの三〜四分で寄付を決めたわけですから、事後報告になるのも当たり前です。

五億円といえば大金、というレベルの金額ではありません。後に聞くと、父も「寄付すると言ったはいいが、どうやって工面するかは考えていなかった」とか。

そこまでの規模の寄付を電話しながら決めてしまう父も父ですが、即座にOKした母の、父の上をいく度胸にも度肝を抜かれたものです。

その話を聞いた私は「いかにも父と母らしい」と、どこかあたたかい気持ちになったのを覚えています。そして素直に「いい地域貢献ができてよかった」と思ったのです。

最終的には、港建設のための公共事業費が認められたため、寄付した五億円は就航する二隻の高速旅客船のうちの一隻を購入するために使われることになりました。

中部国際空港と津の港を片道約四十分で結ぶ海路には、今日も〝父と母の船〟「カトレア」が颯爽と波を切って走っています。

「損か得か、儲かるか儲からないか」ではなく、「いいことか悪いことか、役に立つか立たないか」「世のため人のためになるか、ならないか」で考える。自社の儲けより地域貢献や社会貢献を考え、そのためにできることなら「すぐにやる」。チャンスやヒントというものは誰にでも平等にあるけれど、それに気づいてすぐに実行に移せる人のところで、成功という実は結ぶものだと私は思っています。「善は急げの人」。「すぐやる人」。それは私が受け継いでいきたい父の〝代名詞〟なのです。

園芸業界も一目置く「時代を見る目」の的確さ

父は、とにかく新しいものに対して敏感な人です。

私が赤塚グループに入社したとき、父はすでに還暦を過ぎていました。しかしその時代感覚というか、世の中の流れの先を読む目の鋭さ、的確さは天才的であり、七十歳を過ぎたいまでも舌を巻くほどです。

たとえば赤塚グループでは、二〇〇二年十月から衛星放送で『FFC WATER WORLD』という番組を製作、放送しました。日本全国のFFCの活用現場を映像でリポートするドキュメンタリーで、父が偶然、当時のスカイパーフェクTV!の上層部の方と知り合ったというご縁が、番組制作のキッカケだといいます。

「FFCの効果や可能性を理解してもらうには、実証例を目で見てもらうのがいちばんの方法だ」

と常々考えていた父にとっては、まさに〝渡りに船〟だったのでしょう。父はすぐにスタッフを集めて番組づくりに取り掛かり、放送を実現させたのです。

またその番組をビデオにして、FFCのピーアールツールとしても活用しました。偶然のご縁をチャンスと判断するや、すぐに番組制作、放送、そしてビデオ化まで推し進めてしまう。まさに「すぐやる人」「善は急げの人」の面目躍如といったところでしょう。

ＦＦＣの実証実験をテレビ番組にしてしまうという発想、偶然の縁とはいえ多チャンネル時代に適《かな》った衛星放送を利用するなど、時代を見る目の的確さも、若い私のほうがまだまだ勉強になるほどです。

思えば父は、世の中で「エコロジー」という言葉が広く使われるようになったずっと前から、花や水を通じて環境問題に取り組んでいました。「環境ホルモン」という言葉が出てくるずっと前から、化学物質の過剰使用・過剰摂取による生物や人体、生態系への影響を懸念していました。

時代の一歩先を走っていた父に、最近、ようやく時代が追いついてきたのではないか。よく、そう思うことがあります。

同じ園芸業界の会社の方から、よく冗談めかして、

「赤塚さんが始めたことを、すぐ真似《まね》ずに数年待って、赤塚さんが違うことをやり始めた頃にやれば、きっと成功するよ」

などと言われることがあります。父の「時代を見る目」、そしてその的確さは業界内でも高く評価されているのです。

私も、父に負けてはいられません。これまで以上に自分のアンテナに磨きをかけ、感度を上げて新しい時代に向き合っていこうと思います。

決してブレない軸を持つ、大いなる理念の人

従業員に「○○をやるぞ」と宣言し、自らが先頭に立って行動しながら、さらにまた何か思いつくと、「こっちはヤメ。やっぱり△△だ」。

常によりよいものを探していて、それを見つけると、これまでの方法をガラっと変えてしまう。朝令暮改も度々。父は、「いいと思えばすぐやる人」ゆえにコロコロとやり方が変わる人でもあるんです。

「はい、変更！」と言うほうはいいですが、下で振り回される従業員は大変です。しかし、それでもみなさん、父を慕ってついてきてくださる。むしろ振り回されるのを楽しんでいるのでは、とさえ感じるときもあるくらいです。

なぜなのでしょうか。

それは行動や手段はいろいろ変わっても、父の中の「軸」がいつ何時でもブレていないからです。

「限りなく世の中のために尽くしたい」

「FFCテクノロジーを世界中に広めたい」

父のど真ん中を貫いているこの軸、指針は昔からまったく変わっていません。この軸とは、父が守ってきた経営理念であり、父の生き方そのものと言ってもいいでしょう。

揺るぎない軸（理念）があって、それに従って会社を動かしていくことが重要であって、その手段や方法論というのはまた別の問題。会社の状態やお客様の意向、世の中の流れなど状況に応じて、常に最善と思われる方法をその都度選ぶのは、むしろ当然のことでしょう。

手段は二転三転しようが、その先にある目標や夢、手段の土台となっている軸は何ひとつ変わらない。軸さえブレなければ、手段が違えど行き着くゴールは同じです。

何か失敗したときでも、揺るぎない軸があれば、「どこかが軸から外れていた」「何かが軸と一致しなかった」という反省や、「ならばこうしよう」「ここを改善しよう」という前向きな打開策が出てきます。

これが何の軸も持たずに、ただ利益最優先で儲けだけを追いかけていると、失敗しても出てくる反省は「損をした」「どうやって取り返すか」しかない。

いつも目先の数字だけにとらわれて汲々《きゅうきゅう》としていると、その場しのぎの経営になってしまうでしょう。そうした経営では、当面はよくても、未来はありません。その場しのぎの積み重ねで拓《ひら》かれる未来などないのです。

赤塚植物園の創業から五十年間、父の軸、理念は変わっていません。

「世の中のために尽くしたい」

「ＦＦＣという奇跡の技術を世界中に広めたい」

父は、ずっと同じことを言い続けてきました。赤塚グループの従業員の皆さんも、父の揺るぎない軸となっている理念を理解して、賛同し、同じ理念を抱いてくださっている。だから、ついてきてくれるのです。

※

いつだったか、父が自身を評してこんなことを言いました。

「私の人生は、まるで金太郎飴のようだ。どこで切っても、いつも変わらぬ同じ顔（理念）が出てくる」と。

自分の軸をしっかり持つこと。その軸を揺るがさないこと。そうすれば人がついてくる。結果もついてくる。

私にとってそれは、父が生き方で示してくれた最高の教訓なのです。

母のこと　～誰からも慕われる「赤塚グループのお母さん」

前述しましたが、私が子どもの頃のわが家は、ともに暮らしている人の数が半端ではありませんでした。

私と七つ上、五つ上のふたりの姉、父方の祖父母と母方の祖母、そして両親の合わせて八人。それだけでもいまの時代なら十分に大家族ですが、さらに毎年何十人という数の研修生も住み込みで一緒に暮らしていたのです。その上、従業員の方たちも気軽に家を訪ねてくる。

それはもう、大家族などという呼び方では片付けられない状態。さながら合宿所や社員寮と言ったほうがいいかもしれません。

そうした超が付く大家族のなかで、母は主婦として家事もしっかり切り盛りしていました。

とにかく食事の準備だけでも大変なわけです。さすがに夕食はそのためにお願いしたお手伝いさんと母方の祖母が作っていましたが、毎日の朝食はすべて母が用意していました。

朝早く、暗いうちから起きて何十人もの朝食を作ってみんなに食べさせ、それを片付けてから、会社に行って、今度は専務としてバリバリと業務をこなす。それを毎日、しかも、つい最近までやっていたのです。

そんな姿に毎日接している研修生や従業員たちから、母は本当に「もうひとりのお母さん」のように慕われていました。また母も、彼らのことを自分の子どものように可愛がり、面倒を見ることに喜びを感じていたのです。

それだけではありません。母は「ＦＦＣ普及会（旧カトレア会）の母」でもあります。

ＦＦＣ普及会（旧カトレア会）とは、ＦＦＣテクノロジーやパイロゲンの効果を広く世界に知らしめたいという父の夢に賛同して普及活動を行ってくださっている方々によって組織されている会（普及会については後述します）のこと。

母は、日本全国の普及会会員からも絶大な人気があるのです。

専務である母の存在が、会員のみなさまが私たち赤塚グループに全幅の信頼を寄せてくださっている大きな理由のひとつになっています。

もちろん父の理念、志があってのことなのですが、「専務がいらっしゃるから私たちも」「専務のために私たちも」という思いを持って、ＦＦＣの普及により力を注いでくださる会員の方が非常に多いのです。

父の志と母の人柄。父の理念と母の愛。このふたつが両輪のように噛み合うことが赤塚グループの発展やＦＦＣ、パイロゲンの普及には不可欠だということを、みなさん、ちゃんと知っていらっしゃる。母あっての赤塚、母あってのＦＦＣやパイロゲン、母あっての父の夢ということを、赤塚に関わる誰もが、もちろん父本人も、分かっている。

だから母は、「みんなの母」「赤塚グループの母」として誰からも慕われるのです。いつも、いつまでも「みんなの母」であり続けるその姿は、大いなる優しさと深い慈愛の心にあふれています。そして、その姿に私は、かけがえのない「真実の母の愛」を見いだすことができるのです。

※

私の母は、「ただの母」ではありませんでした。父がほとんど家にいなかった赤塚家で、母はいったい一人で何役をこなしていたのでしょう。

私たちの「母」として、三人の子ども（姉ふたりと私）にとっては昔ながらの日本のお母さんであり、一方では「赤塚の母」として従業員や住み込みの研修生たちの世話も一手に引き受けてきました。

また赤塚充良の「妻」として、あちこち飛びまわる夫の身のまわりの世話はもちろん、精神的な部分でも陰になり日向になって夫を支えてきました。父が海外出張に行く際は、現地の方々への手土産を一度も欠かさずに持たせたというのは有名な話です。

そして赤塚の家に嫁いだ「嫁」として、自分の両親と夫の両親の面倒をみて、両方の親戚付き合いをこなし、さらに地域社会でのご近所付き合いにも力を注ぎました。

そのうえ赤塚グループの「専務」として、財務や経理などの社内業務を引き受け、従業員への気配り、取引先との付き合いも精力的にこなしてきました。

いま、こうして数え上げてみてあらためて「なんと〝女性力〟に満ちあふれた人なのか」と、母のすごさを思い知る気がします。

いまの時代、仕事と家庭を両立させている女性は「ワーキングマザー」などと呼ばれ、女性が憧れる生き方のひとつのスタイルになっています。

女性が仕事を持ちながら子育てもする。それはとても大変なことであり、両立させているのは素晴らしいことです。

そんな視点で考えると、母であり、妻であり、嫁であり、専務でもある私の母はまさに「スーパーウーマン」。ワーキングマザーのチャンピオンと言っていいかもしれません。

どの立場にいても、周りの誰からも慕われるやさしい人柄と献身的な愛情。そんな母に、私は、日本女性の理想の姿を見つけることができるのです。

愛ゆえの厳しさとやさしさと、慈しみと

ほとんど家にいなかったこともあって子どもの頃、父に怒られたという経験はあまりありません。その代わりといってはなんですが、母にはよく叱られました。

そういう意味では、厳しい母だったかもしれません。けれど、自分の感情にまか

せてただ怒るということは一度もありませんでした。

だから叱られる理由もはっきりしているのです。

とにかく「礼儀」に関してはことのほか厳しかった。挨拶をしなかったり、おざなりにすると、それはもうこっぴどく叱られました。それは大人に対してだけでなく、友だち同士でも同じ。子ども同士の社会にだって最低限の礼儀はある。友だちだからこそ、ちゃんと挨拶しなさいと。

もうひとつ、いつも言われていたのが「人に迷惑をかけるようなことをしてはいけない」ということ。当たり前といえば当たり前なのですが、迷惑をかけたこと自体を叱られるのはもちろん、そのあとのことを厳しく言われました。相手に迷惑をかけてしまったら、どうやって謝り、どうやってフォローをすればいいか。そこをいい加減にしていると、もっと叱られましたね。

専務として会社でさまざまな人たちと接することで、人間関係の大切さや相手の立場を思いやって考え、行動することの大切さをよく分かっている母だからこそ、こうしたことにはことのほか厳しかったのだと思います。

でも、いつまでもあとを引くような叱り方もしませんでした。叱るときは叱る。でもビシッと叱ったら、それはそれでおしまい。母はそういう人なんです。そして、それ以上にやさしい母でした。それは、大人になったいまも変わりません。

私が赤塚に入社したとき母に最初に言われたのは、奇《く》しくも父とまったく同じ「会社では子どもとしてではなく、ひとりの社員として扱う」という言葉でした。私自身ももちろん、それは至極当たり前のことだと分かっていましたし、母のその姿勢は言葉通り、一貫して徹底していました。

しかしいま考えれば、母はそのとき、私以上に大きな覚悟をしていたのだと思います。

赤塚グループを継いでいく息子はこれから先、従業員や取引先の方々、普及会の方々の人生と大きく深く関わることになる。母としての愛情が深い人だからこそ、甘やかしてはいけないという覚悟は大きかったのではないか。そう思うのです。

とはいえ私にとっては、赤塚に入ってからも、母の存在はやはりありがたいものでした。「ゆくゆくは赤塚を継ぐ」というプレッシャーは、やはり相当に大きいものでした。また、父からも何かにつけて「早く社長を代われ」などと言われて、よりいっそうプレッシャーを感じていたのです。そんなとき父と私との間に入って、やわらかいクッションのような役割をしてくれたのが母でした。

「まああ、そんなに急《せ》かさんと」

そんな母のひと言で、どれだけ重圧から救われたか分かりません。

そして、それは私が社長に就任してからも変わることはありませんでした。やはり父という偉大なる経営者の後を継いだという現実は、私にとって就任前とは比べものにならないプレッシャーとなりました。

そしてともすれば空まわりしてしまいそうな私は、ここでもまた母の存在に何度となく救われたのです。

父と私、両方の性格をいちばんよく知っている母は、私が父と同じやり方で赤塚グループを引っ張ろうとしてもうまくいかないということを誰よりも分かっていました。

「耕一は耕一であって、他の誰でもない。もちろんお父さんでもない。だから、自分ができる、自分に合った方法で会社をまとめていけばいいんだよ」

そうした母の言葉や態度に接するたび、スーっと肩の力が抜けていく。凝り固まった心が解《ほど》かれていく。そんな気持ちになれたのです。

さらに、経営の実務に関しても心強い大先輩でした。前にも書きましたが、専務という立場にいた母は、外を飛びまわる父の代わりに財務、資金繰りから細かな社内業務全般をすべて取り仕切っていました。

ですから私が社長になったとき、母からは「経営者目線」でのものの考え方や仕事の進め方など、父とは違った視点からのアドバイスを数多くもらったのです。それも一から十まですべてを手取り足取りで言ってきかせるのではなく、ここぞというポイントでズバリと的確なアドバイスをくれる。何でも教えるのではなく、最後は私に考えさせるのです。

社長としての実務から、自分のやり方で進む自信を持つ大切さ、会社をまとめる者に必要な品格のようなものまで、経営者の何たるかを教えてくれたのは母でした。

厳しさのなかにある母としてのやさしさ。これは私に対してだけではありません。母にとって息子は私だけではない。父を支えて働くすべての従業員が、彼女の息子であり娘です。ですから、私以上に母のやさしさを感じている従業員の方々もきっと多いでしょう。

赤塚グループは家族――そうしたあたたかい社風を生み出しているのは、厳しくもやさしいこの母の愛情なのだと、つくづく思うのです。

※

地域のために、地域とつながり、地域に貢献する

父がＦＦＣを世界中に広めることで果たそうとした「世の中のために何かをしたい」という夢。母もまた同じ夢を持っていました。そして、母は母なりの方法でその夢の実現のために毎日を捧げてきました。

たとえば、こんなエピソードがあります。

母は昔から民謡や詩吟が好きで、自分でも習っていました。子どもの頃、車の助手席で、母が運転しながら口ずさむ民謡を聞きながら出かけた思い出は、いまも懐かしい記憶として、私の心に鮮明に残っています。

そんな母はあるとき、会社の会議室を開放し、そこに民謡の先生をお呼びして民謡教室を始めることにしました。すると、いつからかその部屋は、一緒に民謡を習っている方々はもちろん、ご近所のみなさん誰もが自由に出入りできる憩いの場所になっていったのです。

地域の人たちが気軽に顔を合わせてコミュニケーションをはかれる場所、言ってみれば、会社に公民館の一室をつくってしまったようなものです。

ちなみに、社屋のホールも外から自由に出入りできる設計になっています。会社が閉まっていても、ここだけは出入りができるのです。

ただ単に民謡好きが高じてのことだったかもしれませんが、こうしたエピソードも「地元や地域の活性化に一役買いたい」という母の志の表れだったように思えるのです。

また母は地元である津地区の交通安全協会でも十年以上にわたって、街頭での交通安全指導やイベントの開催など、協会の中枢で活動してきました。

女性ならではの発想と豊かなアイデアで地元の交通安全に貢献した母の活動は、何よりも地元の、日本の、そして世界の未来を担う子どもたちの安全のためにという思いに支えられていました。それはまさに、子どもたちの「もうひとりの母」としての愛情だったのです。

そして母の志の象徴となっているのが「レッドヒル＝ヒーサーの森」でしょう。この森も母の地域愛、地元愛から生まれたといっても過言ではないと思います。

父が「自分の育った村を豊かにしたい」と五ヘクタールの山を手に入れたのが二十年以上前。多忙だった父から「あなたの思うように育ててごらん」と山を託された母は、そこに少しずつ手を入れ始めます。

そのとき、母が思い描いたのは「里山」の再生でした。

里山とは、人里の近くにあって常に人々の生活と密接に結びついてきた山や森の

母・ひさ子が丹精込めて作り上げたレッドヒルは、ヒーサーの森と呼ばれる

こと。人間が力をもって無理やり介入するのではなく、人間が手を入れることで生態系のバランスが保たれ、人と自然が共存している場所のことです。

最近では、ただやみくもに開発・造成される一方で、誰も寄り付かなくなったために荒れ放題になり、瀕死の状態に陥っている山も増えています。

人と自然がともに恵みを与え合って生きていく美しい場所、自然と人の絆を感じる場所、命の尊さを学べる場所、誰もが憩える場所。母は地元の津市高野尾町に、本来の「里山」をよみがえらせたいと願ったのです。

そんな思いに賛同した多くの技術者、職人さんたちの協力を得て、母は山を切り拓いて道をつけ、排水処理をし、池をつくり、苗木を植えました。

森はいま、人の叡智と自然の恵みが共生する、十ヘクタール（十万平方メートル）を超える広大な里山として見事によみがえったのです。

母が誠心誠意、愛情を注ぎ、丹精を込めて息吹を吹き込んだ里山。母の名前をとって名づけられた「ヒーサーの森」は、地元はもちろん日本中の方々から愛され、訪ねてくる人々を癒し続けています。

「ヒーサーの森」に足を踏み入れるたび、私は、母のあふれんばかりの大いなる愛情を、肌で、心で、全身で感じることができるのです。

父と同じ夢を持つ、「もうひとりの赤塚充良」

あるとき父が、自らの夫婦関係をたとえて「ウチは岡本太郎とこみたいな夫婦やな」と言ったことがあります。

岡本太郎とはもちろん、今年二〇一一年で生誕百年を迎える日本を代表する芸術家の故・岡本太郎さんのこと。岡本太郎さんには秘書であり、後に養女になった敏子さんというパートナーがいました。

彼女は養女とはいえ実質的には妻ともいえる存在で、長年にわたり芸術の道をひたすら突き進む岡本太郎さんを支え続けたのです（実際には夫婦ではありませんでしたが）。

彼女の献身は、決して太郎さんに振りまわされたり翻弄されたものではなく、彼女の人生もまた、そんな受け身の人生ではなかったといいます。

自分の人生の価値観が太郎さんのそれと同じであることを心から喜び、太郎さんとともに彼の夢を追いかけて人生を歩みました。太郎さんの夢は彼女の夢であり、彼女は「もうひとりの岡本太郎」でもあった。そう言われています。

まさに、父と母、赤塚充良とひさ子の関係そのものではないか。そう思いました。

父の人生は、それはもう、すさまじいものです。

何年かに一度は「これに失敗したら、会社はつぶれてしまう」という大きな賭けに平然と挑んでいく。「思い立ったら即行動」の人ですから、そのための資金をどうするかはあとまわしになる。赤塚植物園を創業してから十年くらいは、三重県の農協で連続借り入れの新記録をつくったという逸話もあるほどです。

そのたびに資金繰りに奔走するのが母の役目でした。研究や開発に没頭している父は、財務や経理といった会社業務には一切関わらず、母に任せきりだったのですから。父に言わせると「融資のお願いに行っても、私は演説をぶってくるだけ。あとはみんな家内がやってくれた」と。

母も「これまででいちばん大変だったのは資金繰り、金策ね」と言っていました。

しかし、母はこう言います。

「大変だったけど、苦労ではなかった。嫌々やっていたんじゃないんだよ」と。

前述した、津の港と中部国際空港を結ぶ高速船に五億円の寄付をしたエピソードにもあるように、「世の中のために尽くしたい。地元のために尽くしたい」という思いは、母も父とまったく同じなのです。

「内助の功」という言葉があります。「夫の外での働きを支える妻の功績」という意味ですが、女性の社会進出が進んでいるいまでは女性差別とも取られかねないと、あまり使われなくなってきたそうです。

しかし、「内助の功」という言葉は母にこそふさわしい。夫が上で妻が下とか、そんな低い次元の言葉ではなく、妻が夫と同じ夢を持ってともに歩むという生き方のひとつのかたちを指す言葉だと思うのです。

父が失敗したときは黙って再挑戦のために奔走し、父が迷ったときは胸のすくような度胸で背中を押し、父が何かに挑むときは誰よりもそばで支える。

母は父の夢のいちばんの理解者であり、父の夢はそのまま母の夢でもある。「私がいまこうしてあるのも、すべては妻のおかげ」――父はそう言って憚《はばか》りません。

まさに、母は「もうひとりの赤塚充良」なのです。

母にいま、ありったけの親孝行を

若い頃の私は、母と一緒に行動することが恥ずかしいというか、照れくさくて仕

父・赤塚充良と母・ひさ子。このふたりなくして今の私はない

方がありませんでした。

いまになってみれば、どうしてあんなに嫌がったのか、あんなにそっけなく接したのか。「悪いことをしたなあ」と思うのです。私と同世代の男性には、こうしたほろ苦い経験がある方も多いのではないでしょうか。

どうしてあんなにガッカリさせることをしてしまったのか。いまでも私の心に残っている、若さゆえの切なさを伴った苦い記憶があります。

私が大学四年生のときの話です。大学が卒業アルバムを製作するということで、卒業予定の学生は学生課にアルバム掲載用の顔写真を撮りに来るようにという連絡がありました。

でも私は「そんなのいいよ、卒業アルバムなんてなくてもいいし」と高をくくっていて撮影に行かなかったのです。当然、卒業アルバムに写真は載りません。当時は、それでもまったくかまわなかった。私自身、気にもしていませんでした。

しかし、卒業後しばらくして大学から届いた卒業アルバムを見た母に、「なあんだ、おまえの写真、載っていないんだね」と、ものすごくガッカリした顔で言われたのです。

息子が大学で四年間勉強をした、大学生活をまっとうした証しでもある卒業写真を、母は楽しみにしていたのだと思います。でも私は、「まあ、いいか」という程度の気持ちでその写真を撮影しなかった。

母は、そのことでとくに怒ったり、文句を言ったりしたわけではありません。ただ、とてもさびしそうだった。その顔を見たとき、「しまった、なんてバカなことをしてしまったんだ、オレは」と、心の底からそう反省しました。

しかし時すでに遅し。今さら卒業写真を撮り直してアルバムに載せることはできません。このとき私は思いました。これからは親孝行をしなければ、と。とくに母にはさびしい思いをさせてはいけない、と。

「人のふり見てわがふり直せ」と言いますが、私にとってこの出来事は「わがふりを見て、わがふりを直せ」という苦い教訓として心に刻み込まれているのです。

そんな母も、もう高齢です。「人のためになりたい」「地域のために役立ちたい」という母の〝天命〟を、できる限り全うさせてあげたい。

そのためには、赤塚グループの社長としての責務をしっかり果たすこと。母が父とともに追いかけてきた夢を受け継いで、その夢を現実へと近づけること。それこそが、いまの私にできるいちばんの親孝行だと思っています。

いま、私はよく母と手をつないで出かけます。そっと母の手を引くとき、若い頃は恥ずかしくて気付かなかったあたたかい親子の絆の大切さを、あらためて思い知るのです。

第二章

一社員として、後継者として

――赤塚グループと私

大手コンサルティング会社で叩き込まれた社会人の基礎

ゆくゆくは、自分が赤塚グループを引き継ぐことになる——。

子どもの頃からずっと、心のどこかにそんな思いを抱いていました。

もちろん、経営者の息子という立場がそう思わせた部分もあるでしょう。いつかはこの会社を引き継がなければという覚悟は、早い時期からありました。

でも、決められたレールにただ乗っかればいい、という考えはまったくなかった。あったのは、父と母がこの会社でやろうとしたこと、やってきたこと、その底辺にある理念や情熱に対する尊敬の思いだけでした。

「自分が両親の思いを引き継ぎたい。同じ理念のもとで世の中の役に立ちたい」

最終的に自分が帰ってくる場所をここ、赤塚グループに決めたのは、まぎれもなくこの純粋な思いだったのです。

それは三重県津市の実家を離れ、東京に出て大学生活を送っているときも変わりませんでした。卒業したら、三重に帰って赤塚グループに入る。その思いは、少しも揺らぐことはなかったのです。

しかし大学を卒業した私は、すぐには赤塚グループには戻らず、大阪で就職してサラリーマン生活を送るという進路を選ぶことになります。

たしかに、そのまま赤塚グループに入ることは簡単でした。でも、こちらはまだ大学を出たばかりで社会人の何たるかも知らない青二才です。すぐに赤塚に戻ったとしても、何ひとつ役に立てるはずがない。それは分かっていました。それに、なまじっか社長の息子であるだけに、従業員の方々も自分を持て余してしまうだろうと。

ですから、まずは赤塚グループとは別の会社で社会人として経験を積みたい。それもできるだけ広い視野で企業や社会、経済の構造を学べるところで修業したい。そう思いました。

赤塚グループを引き継ぐものとして、自分の中にそうしたバックボーンを作っておくことは不可欠であり、そうして学んだことは、これからの自分や赤塚グループに最も必要とされるものだという確信もありました。

そうした修業先として希望したのは金融関係や銀行です。経済の仕組みや流れを知るには格好の仕事だと感じていました。父にも、赤塚に戻る前に金融関係の仕事をしておきたいという話をして了承を得て、大学四年から就職活動を始めたのです。

すると父が、「金融関係に詳しい人に相談したほうがいいのでは」ということで、ある方を紹介してくれました。その方とは、父も懇意にしていただいていた船井総合研究所（船井総研）の当時会長だった船井幸雄先生でした。

船井総研といえば経営コンサルティング会社の最大手。金融や銀行方面にも精通されているでしょう。これは何としてもお会いしたいということで、さっそくお伺いしたのです。

会っていただいたのは船井会長と、役員の吉川潔さんという方でした。そこで「銀行に就職して、広い視野で経済の構造を学びたい」という思いをお話したわけです。

すると、私の話を聞いていた吉川さんがおもむろに、

「なるほど。だったら赤塚さん、いっそのことウチに来ませんか。銀行さんよりもウチのほうがあなたのしたい勉強ができると思いますよ」

とおっしゃったのです。

それを聞いた船井会長も「おお、それもそうだな。来るか？」と。

コンサルティング会社なら銀行よりも、もっと広い分野の経営に関われます。私としては願ったり叶ったりの話で異存などあるわけもなく、即、「お願いします！」。

進路相談に伺った先で、あれよあれよという間に就職先が決まってしまいました。

こうしたご縁があって、私は一九九二年（平成四年）四月から、船井総研の大阪本社に就職することになったのです。このようなご縁をいただいた吉川さんは、後に赤塚グループの一社、（株）エフエフシー・ジャパンの常務取締役としてもお世話になりました。

船井総研での勤務は結果として約三年間。短い期間ではありましたが、学ぶことが多く、密度の濃い時間を過ごすことができました。

船井総研には「船井流経営法」というコンサルティングの基本理念があります。

詳細は記しませんが、どんな取引先、どんな仕事内容であっても、この理念は常に変わりません。

船井総研に在職していた三年の間に、四つの部署の四人の上司のもとで仕事をしました。そのときの上司によって、それぞれコンサルティングの方法論は違います。四人いれば四パターンのスタイルがあり、四パターンのアプローチがありました。

しかし根幹にある理念は、常に四人とも同じなのです。

まず不変の理念がベースにあり、それを自分なりにアレンジして、それぞれのお客様に合わせたコンサルティングを行っているのです。

手段は違えど、理念は同じ。船井総研のそうした経営スタイルに、父が貫いてきた赤塚グループの経営姿勢と通じるものを感じました。船井会長と父が、その経営姿勢を同じくするものとして認め合っている。その理由も分かったような気がしたのです。

またコンサルティングの手法や技術論を学ぶだけでなく、ひとりの社会人として、仕事をして給料をいただく企業人としての社会常識もきっちり教えられました。

経営コンサルティングは何よりお客様あっての仕事だということ。社会人としてふさわしい態度、マナー、品格を身につけること。グローバル社会に向かっている時代だからこそ、まず日本で通用する企業人であること——。こうしたことを日々の仕事を通じて徹底的に叩き込まれたのです。

そして学生時代とは違う、社会人としての仲間、友人とも出会いました。

船井総研の同期・同僚には、私と同じような経営者の息子、いわゆる二代目という立場の人が比較的多くいました。ここで仕事をしながら経営を学び、数年後には各々が自分の会社に帰って後を継ぐ。会社を自分の代でより大きく飛躍させたい。誰もがそんな強い意識を持っていたのです。

自分も負けないように頑張らなきゃ——自分と似たような境遇の人が多いそんな職場だったからこそ、お互いに刺激しあい、触発されあうことも数多くありました。

船井総研では誰もがみなライバルであり、心強い仲間でした。彼らとは、各々が自分の会社に戻って後を継いでいるいまでも、心を許せる友人として付き合いが続いています。

在職三年間、船井総研という会社の企業としてのあり方や経営姿勢を、そこで働く者として体感することができました。また社会人としての基礎、品格を学び、同じ道を進む仲間との出会いもありました。こうした経験は、赤塚グループのトップに立ったいま、経営者としての私を支える大切な基礎体力になっています。

ふたつの訃報がもたらした後継者としての自覚

当初の予定では船井総研に五年ほど勤めた後、アメリカに渡って数年間、語学の勉強をするつもりでした。ところがあることをキッカケにして、その計画は大幅に変更されることになります。

船井総研に入社してから一年ほどした頃に、私の義兄でもある株式会社赤塚の森定淳常務のお父さんが亡くなられたのです。まだ五十七歳という若さでした。

また、期を同じくして私の父方の祖父も亡くなりました（このときのお話は後述します）。

それらふたつの訃報を受けて考えました。人というのは突然亡くなる。いくら元気でも、まだ若いと思っていても、死が訪れることがあるのだ、と。

そして、ふと、両親のことが頭に浮かんだのです。

父は当時、ちょうど還暦を越え、母も五十代後半にさしかかっていた頃だと思います。いまも先頭に立って毎日全国を飛びまわり、疲れを知らないパワフルな父。その父を陰ながら支えてきた母。まだまだ老《ふ》け込むような年齢ではありませんが、それでもふたりともう昔のように若くはありません。若くして亡くなられた常務のお父さんのことを思えば、考えたくはないけれど、〝万が一〟ということがないとも限らない――。

そう思ったら、早く両親のもとに帰って「私がしっかり引き継ぐから任せておいて」と安心させてやりたいという気持ちが、大波のように押し寄せてきました。

ゆっくり時間をかけて経営者修業をなどと、悠長に考えていてはいけないと思いました。そしてすぐに当初の五年という船井総研での勤務を三年に短縮することに決めたのです。

このときが、私の中でひとつの大きな転機だったような気がしています。

赤塚グループの後を継ぐということが、大学時代までの「将来的には……」「ゆくゆくは……」というあいまいな未来ではなく、「自分しかいない」「自分が果たすべき責任」という、はっきりとした現実へと大きく変化したのです。

異文化を肌で感じた一年半のアメリカ留学

船井総研での勤務は三年に短縮しましたが、アメリカ留学だけは、どうしても中止できませんでした。

これからの赤塚グループがグローバル化した時代に対応していくために、そしてFFCテクノロジーを三重から日本へ、日本から世界へと地球規模に広げていくために、語学をはじめ、海外、とくに欧米の経済事情を学んでおくことは不可欠だと思っていたからです。

たとえ二、三年でも現地に渡って勉強したい。船井総研を早くに辞めた分を、留学に充《あ》てればいい。そう考えて、海外留学は決行したのです。

実質的な留学期間は一年半。一九九五年（平成七）一月にアメリカ・カリフォルニア州のモントレーに渡って半年間語学の勉強をし、その後ロサンゼルスの短大で一年間、経営や法律などを勉強しました。

私が渡米した一九九五年一月、それは関西地方が阪神淡路大震災に見舞われたときでもありました。私が渡米した直後に大震災が起きたのです。

アメリカでニュースを見て愕然としました。知人や同僚、街の人々の安否や被害状況が心配になり、三重の実家に連絡をとって、大きな被害はなかったと知って胸をなで下ろしたことをいまでも覚えています。

私にしても渡米前は大阪に住んでいたので、出発の時期が少し遅れていたら間違いなく被災していたでしょう。それをギリギリのところで震災を逃れることができたのです。

しかし関西地方には甚大な被害が出て、多くの方が犠牲になりました。

「ひとつ間違えば自分もどうなっていたか分からない。でも、自分は生かさせていただいている。そんな自分にできること、すべきこととは何なのだろうか？」

震災のニュースを見るたびに自問しました。そして――、

「私にできることは、父の意思を継いで赤塚グループをベースにして世界に尽くすこと。それに全力を注ぐことしかない」

アメリカの地で、私は、あらためてそう心に誓ったのです。

そのためには、もっと自分を成長させなければいけない。グローバルな視野を身につけて、まずは父の仕事、父の夢のための一助とならなければ――。そんな思いもあって、アメリカでは真面目に勉強に励みました。

充実した留学生活は、あっという間に過ぎていき、一九九六年（平成八）には、一年半のアメリカ留学を無事に終えて、日本に帰ることになります。

そもそも以前から父に「そろそろ帰ってこい」とは言われていたのです。ただ、そうは言っても学校の区切りなどもあるため、「分かった、じゃあ帰る」というわけにもいきません。

でもその年（一九九六年）には本社の敷地内に『アカツカＦＦＣパビリオン』が

完成すると知らされ、さすがに「十一月の完成までには、今度こそ絶対に帰ってこい」という強いお達しが来ました。それで区切りをつけて帰国することにしたのです。

※

留学期間としては決して長くはありませんでしたが、赤塚グループに戻る前に、たとえ一年半でも海外で生活できたことは、非常に貴重な経験になりました。語学やその他の勉強もそうですが、日本とは異なる外国文化に実際に触れて生活をすることで、ものの見方が広がったり、感受性が鋭くなったりと、内面的に大きく成長できたと思っています。

またアメリカでルームメイトだった台湾人の学生との出会いも、感性の幅を広げてくれました。ルームメイトだった彼とは、もちろんいまでも交流が続いており、私の結婚式にも参列してくれました。国や文化を超えてつながった友人も、私のかけがえのない財産です。

異国の地で、同じようにそこを異国とする学生とともに暮らす。アメリカ文化のもとで日本の文化と台湾の文化が同居して、お互いの文化を学びあう。こうした経験はこれから先、赤塚グループが世界に向かって歩み出すときに、必ず生きてくるものだと信じています。

そして一九九六年の九月、私は故郷の三重県津市高野尾町に戻り、『アカツカFFCパビリオン』の完成を控えた株式会社赤塚植物園に入社。

赤塚グループの後継者として、新たな人生のスタートを切ることになります。

そして赤塚へ　～経営者の息子ではなく一社員として

「会社では、あなたは社長の息子ではない。ひとりの新入社員として、一生懸命に、真摯に、ひたむきに仕事に取り組みなさい」

親と子であり、経営者と従業員でもある。赤塚グループにおける私の人生は、父のこの言葉から始まりました。

入社後、最初に配属されたのは「営業部国際担当」という部署です。私が入社直前まで外国にいたこともあり、これからのグローバルな時代に向けていままで以上に国際的な業務を扱える部署をということで、私が入社した際に父が新設したセクションでした。

そこには、「お客様とのやりとりが多い営業部というセクションに身を置くことで、赤塚植物園の仕事全体がどういうものか身をもって学びなさい。そのための場所だけは与えるけれど、頑張るのはおまえ自身だ」という父の考えがあったのだと思います。

大学卒業後、一度は船井総合研究所（船井総研）に勤務し、その後一年半のアメリカ生活を経てから入社したため、私は他の新入社員よりもかなり年上でした。

そして何よりも私は〝社長の息子〟という、ある意味、他の従業員よりも圧倒的に強いと思われる立場で、赤塚にやってきたわけです。

ですから私がもっとも気をつけたのは、社内での人間関係でした。

社長の椅子が約束されている二代目が戻ってきた——いきなりそんな事態になれば、古くから働いている役員や従業員の方々が不安になったり警戒するのは当然のことです。

大きな態度や声で自分の経営理念を振りかざし、父の威を借りて役員や古参の従業員をないがしろにするようなまねだけは、絶対にしてはいけないと心に誓いました。

たしかに近い将来、社長として会社を引き継ぐという立場にある以上、一社員であっても経営者としての考え方やものの見方は必要とされます。

またリーダーシップの発揮も、自分なりの経営理念の確立も不可欠でしょう。ですから同じひとりの社員とはいえ、私が任される役職や業務、求められていることなどに、他の方たちとは違いがあるのもいたしかたのないことだと思います。

しかし大切なのは、それを当たり前だと思ってはいけないということです。自分の置かれている立場に、決してあぐらをかいてはいけない。むしろ誰よりも謙虚に、真摯に、仕事に、人に向き合わなければならない。

私は自分に、そう言い聞かせました。

そしてそのとき私の拠りどころとなったのは、入社時に父から言われたひと言だったのです。

入社前に船井総研に勤めることで経営についても学んできた私は「この赤塚グループをもっと大きく、もっと役に立つ企業にする」ための、私なりの方法論も持っていました。

しかし、そうした思いや自分なりの経営術、経営手法を最初から声高に主張したり、押し通すことは一切しませんでした。それよりも、まず最初に私がするべきことは何か。それを考えたのです。

何よりも、自分と従業員の方々との間に信頼関係を築くこと。それが、私の出した結論でした。

従業員の方々にとって、跡取り息子ではなく「同じ釜のメシを食っている同僚」「一緒に仕事をしたいと思える仲間」にならなければダメだ。私個人の人間性を認めてもらわなければダメだと思ったのです。

そのためにまず私が心がけたのは〝最後までいる〟ことでした。どのセクションの人よりも遅くまでいる、自分がオフィスを出る最後の人になろうと思ったのです。

当時はいまのようにコンピューターも普及しておらず、わが社のオフィスでもOA化などまだ先の話という時代。請求書や納品書、在庫の管理といった多くの業務を手作業で行っていました。

そのため月末や年度末ともなれば、従業員は連日夜遅くまで、場合によっては徹夜の残業をして事務作業に追われていたのです。

そうしたとき、自分の仕事が早く終わったら、手伝えるような作業があれば引き受け、手伝える作業がないときも残業が終わるまでは帰らずに残っている。そうやって、できる限りみんなと一緒に最後までオフィスにいることを心がけました。

そして深夜に残業を終えて帰途につく従業員の方々を「お疲れさま」と労をねぎらって送り出す。それも、私のするべき大切な仕事だと思ったのです。

「あとはよろしく」と言ってそそくさと帰宅するのではなく、「ありがとう。お疲れさまでした」を言うためにみんなと残業をともにしたい。そう思いました。

またみんなで食事に行ったり旅行に出かけたりと、仕事以外のイベントにもできる限り参加するようにしました。

仕事は仕事でキッチリこなし、一方でリラックスするときは大いに遊んで楽しむ。やはり、そうした日々を一緒に過ごすことによって、初めてコミュニケーションもとれ、いい人間関係を築くことができるのです。

こうして、いかにしたら従業員のみなさんと「仲間」になれるか、同じ目線で仕事ができるか、常に自分に問いかけていたのです。

学ぶことが多かった「新卒採用」という仕事

入社して二年目（一九九七年）からは営業部国際担当の仕事をしながら、新卒の採用活動にも参加することになりました。私が入社する以前は会社の規模もそれほど大きくなかったため、地元の高校にお願いして、学校推薦によって採用することがほとんどでした。

ところがＦＣテクノロジーの開発・普及にともない、従業員にもより幅広い人材が必要になってくるということで、この年から本格的な採用活動を始めることになったのです。

私が担当したのは書類審査と最初の第一次面接です（実を言うと、昨年まで毎年、一次面接を見てきました）。

新卒採用で数多くの書類を読み、面接をこなすことで〝人を見る目〟を養うという、これも父が考えたひとつの経営者修業の一環だったのでしょう。

おかげさまで当時から赤塚グループは、園芸業界における人気が高く、日本全国から入社希望者が集まってくださいました。私が採用担当になった当時でもすでに、五〜六人の採用枠に、書類審査の段階で千五百〜二千人もの応募がありました。

わが社では応募の際に通常の履歴書ではなく、志望理由や自己ＰＲなどをしっかり記入できるオリジナル・エントリーシートを用意し、それを提出していただいて書類審査を行っています。

まずは全員のエントリーシートを隅々まで入念に読み込んで、私なりに「この学生とは会ってみたい」という人を選んでいくわけです。

書類審査というのは、本人と会う前に合否を決めてしまいます。私の希望としては、できる限り多くの学生さんに会いたい。会って直接お話を聞きたいという思いが強いのですが、さすがに時間的な問題もあってそれは難しい。

ですから、エントリーシートに目を通すときも、そこに書かれた一言一句も疎《おろそ》かにできないのです。わが社で働きたいという思いをしっかりと受け止めるために、誠心誠意読み込むことが応募していただいた学生さんへの礼儀だと思っています。

そうした書類審査によって一次面接にお呼びする人を決めるのですが、その人数は、当時で約五百〜六百人、多いときには八百人近くになることもありました。

そして朝の九時から夕方の六時まで、午前中だけで三十人、一日で七十〜八十人と面接するわけです。さらに面接前には、もう一度エントリーシートを読まなければならない。しかも期間は限られていますから、それを何日もぶっ続けでやることになります。

気を遣い、頭を使い、一日終わるともうヘトヘト。夜、寝ようとしても、疲れ過ぎて眠れない、そんな日も少なくありませんでした。

しかし、学生さんたちにとっては人生を左右する大きな節目です。彼らの一生がかかっていると思えば、こちらも彼ら以上に真剣に臨まなければ申し訳がありません。

大変な仕事ではありますが、若者の人生のターニングポイントに立ち会うという経験はなかなかできるものではありません。

それは私にとってもかけがえのない大事な勉強になると考えて、真摯に学生さんと向き合ってきました。

新卒の採用のみならず、赤塚グループが社員として求める人材は、明確に決まっています。

学力や能力ではなく、その人の持つ人間性や人柄といった内面部分を重要視するのは当然のことですが、何よりもまず、自然や水、花を愛するというわが社の理念、つまり会長である父（当時の社長）の理念に賛同して、その理念の追求に貢献していただける方かどうかということです。

会長の掲げる理念に共感し、それを成し遂げることに喜びを覚えることができる人。それは言い換えれば、私たち従業員と同じ目標を持てる人ということです。ですから質問の中では、志望動機を最も重要視しています。

「どうして赤塚に入りたいのか」

いちばん最初にこれを聞くわけです。

この質問に対する答えには、その人の考え方や人間性、そして同じ目標を持てる人材かどうかなどを見極める、すべての要素が含まれているんです。

もちろん他にも面接官がいていろいろな質問をするのですが、私の中では、最初の志望動機、それでほぼ合否が決まると言ってもいいでしょう。

「赤塚の従業員は、みんな同じような雰囲気を持っている」と言われることがよくあるのですが、これも、求めている人材がブレることなく明確である証拠だと思っています。

さて、採用試験の面接というのは、面接される側はもちろんですが、面接する側、質問する側もすごく緊張します。私も、最初の年はかなり緊張しました。

こちらも入社歴で言えばまだ二年目のぺーぺー。年齢的にも、学生さんとほとんど変わらないわけです。

わが社の一次面接では一回につき学生さんが四〜五人くらい、面接官が私を含めて二〜三人で行うことが多いのですが、聞くことを間違えて、質問しているこちらがオタオタする、なんてことも最初のうちはよくありました。

それでも毎年何百人もの学生さんと面接していると、自然と〝人を見る目〟が養われてくるものです。

何年も面接に携わっているうちに、面接会場に入ってくる学生さんが持っている雰囲気だけで、「この人はわが社の考え方を理解してくれているのか」「賛同してくれているのか」どうかが、ほぼ分かるようになりました。極端なことを言えば、入ってきて椅子に座るまでの十秒間で見極めがついてしまうんです。

ですからその後の質問に対して上手な話をされると、「あれ、雰囲気と違うぞ」と、かえって迷ってしまうこともありました。でも、そんなときでも結果的には最初の十秒の印象のほうが当たっていることが圧倒的に多かったですね。

また大変だったのは、どんな想定外の回答が飛び出してきても、決して動じてはいけないということ。思わず苦笑してしまう迷回答、つい吹き出してしまいそうな珍回答は、それこそ数知れません。

ほかにも、エントリーシートに書かれていたことと話していることがまったく正反対の人、どう見てもエントリーシートの顔写真と本人の顔が違っている人など、まさに想定外のケースが日々起こり得るわけです。

でもどれも極度の緊張ゆえの混乱なのは分かるので、笑うに笑えない。こちらが安易に笑ってしまうのは、学生さんに対して失礼になりますから。

ですから面接官には、いつでもどんな状況でも同じ立場で、同じ精神状態で対応することが求められるわけです。回数をこなすにつれて平気になりましたが、最初のうちは自分をコントロールするのにかなり苦労したことを覚えています。

思えば、入社二年目から社長の職を引き継ぐ直前までの十四年間、毎年約五百人として合計すると約七千人もの学生と面接してきたことになります。将来一緒に仕事をするかもしれない可能性のある何千人もの学生と会うことができたのは幸せなことだったのだと、つくづく思います。

人柄プラスアルファの〝光るもの〟を見極める観察眼、人間関係の機微、コミュニケーションの大切さと難しさなど、採用面接から私は多くのことを学びました。そしてそれは、面接だけでなく、日々の業務でのお客様との接し方や対応の仕方にもそのまま当てはまることに気づいたのです。

多くの学生さんと出会う機会を得たことで、自分自身も社会人として、経営者になる者として相当に鍛えられてきたということです。

入社後、早い時期からその経験をすることができたのは、いまの自分にとってかけがえのない大きな財産になっています。

社長という立場になったいまでも、できる限り多くの学生と会いたいという気持ちは変わっていません。現実には一次面接からというわけにはいきませんが、何かしらの機会を設けて「同じ目標を目指す仲間」を探す現場に出ていきたい。そう思っています。

会社内を循環する血液的役割として　～企画調整室長

入社して三年目、私は営業部国際担当から「グループ企画調整室長」という仕事を任されることになります。

この企画調整室も、このときに新設された部署です。一応「室長」という肩書になってはいますが、部下もおらず、私一人だけでした。

そもそもこの部署は、社長（父）や専務（母）とグループ内の各部長とをつなぐという目的で設置されたポジションです。現場の部課長のみなさんの間に立って、さまざまな懸案事項の調整をすることで、より円滑な連携と意思の疎通をはかるのが最大の役割でした。

植物園の業務には生産農場の管理、研究、営業から売店まで、実にさまざまな仕事があります。また一方で、赤塚グループにはパイロゲンの普及戦略や商品開発といった重要な業務があるわけです。

それまでの赤塚グループでは、ほとんどの業務が社長、専務から直接現場に伝えられるというシステムでした。

ですから、社長、専務から現場という縦のつながりはあっても、部署同士という横のつながりが少なかったのです。

もちろん従業員のみなさんはそれぞれ自分の部署でしっかりと仕事をされているのですが、横のつながりが少なかったために、他の部署ではどんな業務が行われているのか、お互いによく分からないという状況が生まれてきたのです。

ですが実際には、いくつかの部署をまたいで、一緒になって臨まなければいけない業務も発生してくるわけです。そうなると当然ながら、それまでの縦割りの環境ではどうしても仕事がうまく運ばなくなります。

それではいけないということで、各部署の間に立って複数の部署が連携して円滑な業務ができるような横のつながりをつくるために、「企画調整室」が誕生したわけです。

ですから担当するのは、社内、グループ内で進行中、さらには計画中のすべての業務ということになります。その業務ごとに予定や内容、進行具合を把握して、ときには農場や研究所、売店に顔を出して連絡事項が滞りなく伝わっているか確認する。また、軋轢《あつれき》やトラブルが生じていないかをチェックする。もし生じていたら、その対処策を講じる――。

こうした社内の〝よろず調整役〟が、企画調整室長としての最も重要な仕事でした。

また一方でこのポジションは、経営トップと現場との風通しを良くする、両者の媒介になるという役割も担っていました。

とにかく社長である父は毎日のように日本全国、そして世界中を駆けまわっているような超多忙な人です。しかも当時は、いまほど携帯電話やメールが普及していない時代。ですから日常業務における現場からの報告がリアルタイムには届かないこともありました。

さらに企業として成長していくなかでは、どうしても現場の声が社長や専務まで通りにくい状況が生まれてくるものです。そんなときには私が相談窓口となって現場の方々の声を聞き、私から直《じか》に社長や専務に伝えるというパイプ役を務めることもありました。

あるときは現場の部署同士を横から横へと結び、あるときは経営トップと現場を縦へ縦へとつなげていく。隅々まで栄養分を運んで、会社やグループ全体をつねに健全な状態に保っていく――。

私の仕事は、人間の体で言えば、まさに血液のような役割を持っていました。業績が上向き、大きく成長している最中の会社にとって非常に重要なポジションだったと思います。

そしてそれ以上にプラスだったのは、この立場であらゆる部署と連携して働いたために「常に会社やグループ全体を俯瞰することができた」ということです。

企画調整室長になった同じ年の六月、私は株式会社赤塚植物園、株式会社エフエフシー・ジャパン、赤塚物産株式会社（現・株式会社赤塚）の取締役にも就任することになりました。

経営する側に立つ者に求められるもの、それは広く大きな視点で会社やグループ全体を見通せる〝目〟です。現状を大局的にとらえて、会社全体の構造、働き、仕組みをしっかりと理解し、物事を判断していく力です。

そう考えてみても、私にとって三つの会社の取締役として経営に参加することになる前段階で経験した企画調整室長というポジションは、非常に貴重なキャリアになりました。

ひとつの部署にいたのではなかなか分からない大局的なものの見方を学ぶことができたのは、何より得がたい経験だったと思っています。

赤塚グループでは毎年六月一日に定期の人事異動を発表するのですが、取締役になったこの頃から私は採用面接に加えて、社内の人事異動にも関わることになりました。

赤塚は、昔から人事異動の多い会社です。なるべく多くの部署でいろいろな仕事を経験してほしいということで、積極的に人事異動を行っているのです。

グループ内を俯瞰し、組織を大局的に見ることができる企画調整室長だった私にとって、人事異動の担当というのは、まさにうってつけの役割だったと自分でも思っています。

このように、私は入社後、営業部国際担当を経て新卒の採用面接に関わり、企画調整室長を任され、その後に取締役となって社内人事に携わるようになりました。

その間に学んだのは、

●相手の人間性を理解すること

●人との信頼関係を築くこと

●部署や役職の垣根を超えた視点で組織全体を掌握し、運営すること

の三点に集約されると思います。

これらは組織に属して働く者、そして何よりも組織を経営する者にとって欠くことのできないファクターと言っていいでしょう。

入社してからの私の配属部署や業務内容には、「経営者としての基礎を頭と体に

叩き込ませる」という、当時社長だった父の思いが大きく反映されているのは言うまでもありません。

そこからはやはり、「場所だけは与えるけれど、そこで学び、成長するのはあなた自身」という、父らしい考え方が窺い知れるのです。

直接的に指導を受けることはなくても、こうした方法で父は私を鍛えてくれた、後継者として育ててくれたのです。

社長となったいま、当時の経験が経営者としての自分の根幹となっていることにあらためて気づかされる機会が多くあります。そのたびに、父の心遣いに感謝しているのです。

ただがむしゃらに建築物と向き合う

これまで書いてきた営業部国際担当、新卒採用、企画調整室長、人事異動に加えてもうひとつ、入社後の比較的早い時期から私が担当してきた仕事があります。それはグループの建築物に関する業務、言ってみれば〝新設建築物担当〟というポジションです。

私が入社してから五年間くらいが、ちょうど赤塚グループにおける〝建築ラッシュ〟で、次々に新しい建物が完成した時期でした。そこで、それらの建築物にまつわる業務全般も私が任されることになったのです。

いちばん最初に担当した建築物は、父から「完成までには帰ってこい」と言われていた『FFCパビリオン』です。

私としては入社時にはすでにパビリオンは完成しているものだと思っていたのですが、いざアメリカから帰ってみたら、できていたのは外観だけ。内側はまったく手付かずで「ほぼこれから」という状態でした。そしてそのまま「あとは任せる」的な雰囲気で、私が設備や内装といったパビリオン完成までの一切を引き受けることになったのです。

そしてそれ以降、建築ラッシュの波にのまれるかのごとく、施設の新設計画がめじろ押しとなり、建築物担当の仕事は立て続けにやってきました。

洋ランや花木、花苗からＦＦＣ活用商品までを販売する園芸売店「ＦＦＣパビリオン」

パイロゲンを１日最大６万本生産している「ＦＦＣパイロゲン関工場」

本当は他の業務と比較などしてはいけないのですが、実を言うとこの仕事、想像以上にハードで大変でした。

何が大変かといって、とにかく実務の量がものすごく多い。

建設会社との見積もり交渉や発注、デザインの打ち合わせはもちろん、設備や備品の選定・発注や工事の進行チェックから竣工式の段取りまで、建築物に関するありとあらゆる業務を、ほとんど私ひとりでこなさなければならない。

さらに赤塚グループが建てるのは、いわゆる普通のオフィスビルと違って工場やホールなどの特殊な建物のため、建設会社との交渉にしても、より特殊で専門的な知識が必要になるのです。

たとえば一九九九年（平成十一）に完成した『ＦＦＣパイロゲン関工場』。

それまでパイロゲンは三重県四日市市で製造していただいていたのですが、広く普及していくにつれて四日市だけでは生産が追いつかなくなり、新たに三重県亀山市関町に新設した工場です。

たとえばこうした工場を新しく建てる場合、建物をつくる以外に、四日市で稼働させていたパイロゲンの製造ラインと同じものをそのまま設置できるのか、できない場合はどうするのか、新しく機械を入れるならどこからどんな機械を選んで、いくらで購入するのか——。こうした交渉能力や判断なども、すべて担当者である私に求められるわけです。

そのほかにも、次々に新しい建築物が誕生していきます。

関工場完成の三カ月後には本社敷地内に『ＦＦＣホール』が完成し、翌二〇〇〇年（平成十二）には同じく本社敷地内に『希少生物遺伝資源保存温室』の建設がスタート。さらに翌年の二〇〇一年（平成十三）には、これも本社敷地内に『ＦＦＣユートピアファーム』が完成しました。

どれもＦＦＣ普及会の会員のみなさまには馴染みのある建物ばかりでしょう。これらの建設がほぼ同時に進行しており、それらに関わる業務はすべて私が担当していたわけです。

それはもう目がまわるような忙しさでした。時間的、物理的なことはもちろんですが、建築に関してまったくの門外漢だった私にとっては、前述したように工場や

ＦＦＣ普及会本社研修会・園芸講習会などの会場となる「ＦＦＣホール」

植物の栽培を通して高齢者の生きがいある生活や社会貢献を目指す生産大温室「ＦＦＣユートピアファーム」

ホールといった特殊建築についての業務は大変でした。まったく未知の分野の仕事を任されるわけですから、それ相応の専門知識も身につけなければいけません。

そのための勉強もかなりしました。もちろん国際担当や採用面接といったほかの業務もあり、そちらを疎かにすることも許されません。

いま思い返してみても、あの当時、自分が何をどうやって仕事をこなしていたのか、あまり覚えていないんです。新しい仕事ができる好奇心や新鮮さ、仕事を任されている喜びなどを感じている余裕もありませんでした。

しかしいまにして思えば、この建設ラッシュの中心にいて、とにかくがむしゃらに仕事をしたことは、自分の将来にとって非常にいい試練であり、勉強になりました。

〝いっぱいいっぱいの状況〟で遮二無二頑張るからこそ、学べることや身につけられることがたくさんあります。そういう経験は自分のなかに蓄積された底力となって、いつか必ず役に立つ日が来るのです。

私にとっての〝その日〟が訪れたとき、その蓄積が力となって、少しでも世の中のみなさんの役に立ってほしい。そう願っています。

『ＦＦＣワールド二〇〇一』に込められた父の思い

赤塚に入社してから五年後の二〇〇一年（平成十三）、私は赤塚グループ二社（株式会社赤塚植物園、株式会社エフエフシー・ジャパン）の常務取締役に就任することになります。

そして私がグループ全体の経営に関わる第一歩を踏み出したこの年、赤塚グループにとって重要な節目となる一大イベントが開催されました。『ＦＦＣワールド二〇〇一』です。

父が出合い、その素晴らしさに感動して、ひとりでも多くの人に広めたいと決意した『ＦＦＣテクノロジー』と、それによって生み出される生命を育む水、『ＦＦＣウォーター』。

ＦＦＣテクノロジーに関するシンポジウム「ＦＦＣワールド2001」の横浜会場

「ＦＦＣテクノロジーの効果を科学的に解明したい」――。

十五年以上にわたってこのテクノロジーを研究してきた父にとって、このシンポジウム開催は何にも勝る願いだったのです。

実証事例は数限りなく存在するにもかかわらず、科学的な検証という点ではなかなか解明にまで至らない。目に見える効力は認められながら、あまりにも技術的に新しく、あまりにも現実や世間の常識とかけ離れているために、なかなか広く認知されない。

そうしたジレンマから抜け出るには、

やはり科学的な裏付けが必要不可欠であり、何よりも自分自身が、このＦＦＣウォーターの効果の科学的根拠を知りたい――。

父の、そんな思いが実現する最初の一歩が、この『ＦＦＣワールド二〇〇一』でした。

「二〇〇一年にＦＦＣに関するシンポジウムを開く」――。

父の決断を受けて、開催に向けて「ＦＦＣ国際フォーラム推進委員会」が発足したのが前年の二〇〇〇年（平成十二）。もちろん私も推進委員会の中心メンバーとして、開催の準備や仕込みに奔走する日々を送りました。

このシンポジウムにかける父の熱意には、格別なものがあったと思います。それまでも、社内では実証研究や科学的検証を積み重ねてきました。しかし社内に限った研究結果では、どうしても公平性に欠ける。そのためには、大学など外部の大きな研究機関に解明を依頼するしかないのです。

父は、その思いをすぐに行動に移しました。まず化学や農学、医学などさまざまな分野の学者、科学者の方々に、ＦＦＣの研究を依頼することから始めました。

すぐに結果が出ないことはよく分かっている。しかし、まずは本腰を入れて研究を始めてほしい。プロセスだけでも発表してほしい。そう言って、父は学者の方々に依頼をかけたのです。

父の熱意に賛同し、ＦＦＣの実証事例に深い関心を抱いた数多くの学者の方々が協力を約束してくださり、本格的で大規模なＦＦＣの学術研究がスタートしました。

こうして始まった研究に基づいて、『ＦＦＣワールド二〇〇一』での学術講演、研究発表が行われたのです。

『ＦＦＣワールド二〇〇一』は神奈川県横浜市と赤塚グループの地元である三重県津市の二カ所で開催されました。

横浜では、みなとみらいのパシフィコ横浜を会場として、二〇〇一年（平成十三）の十月十三、十四日の二日間にわたってＦＦＣに関する数々の研究発表が行われました。

オープニング式典はパシフィコ横浜の国立大ホールで開かれ、ＦＦＣ普及会の方々をはじめ、四千人を超えるみなさまをお迎えすることができました。

その後、ＦＦＣの生みの親であり、東京大学ならびに東京農業大学名誉教授でいらした故・杉二郎先生をはじめ来賓の方々の記念講演会が開かれ、また同パシフィコ横浜内の会議センターで行われたＦＦＣシンポジウムでは、数々のＦＦＣに関する研究が発表されました。こちらも大変盛況で、参加者のみなさまの熱心さに先生方も感動し、主催する私たちの胸も熱くなる思いでした。

この大イベントが行われた二〇〇一年は、奇しくも私たち赤塚グループが創業四十周年を迎えた年でもありました。

その節目を記念して、本社敷地内に『ＦＦＣユートピアファーム』が建設されました。前に書いたように、建築物の担当をしていた私ももちろん、直接の責任者としてその建設に携わったのです。

そのとき、父からひとつのアイデアが出されました。

当初の予定では『ＦＦＣワールド二〇〇一』は横浜会場だけでの開催でした。普及会のみなさまの実証実験や研究発表なども、パシフィコ横浜に専用スペースを設けて展示することにしていました。

日本全国一万人が参加した「ご飯テスト」のモニュメント

パイロゲンを加えた水で炊いたご飯（右）と水道水で炊いたご飯（左）。鮮度保持力に明らかな差が

お肌スベスベ、元気でかわいいパイロゲンベビーが勢ぞろい

しかし父は、完成したばかりの『ユートピアファーム』のこけら落としも兼ねて、『ＦＦＣワールド二〇〇一』の展示会場として使おうじゃないか、と考えたのです。

そして十月十九日～三十一日までの十三日間、『ユートピアファーム』内の広大なガラス温室を『ＦＦＣワールド二〇〇一津会場』として、実証展示などを行いました。

津会場では、ＦＦＣ普及会のみなさまや全国のパイロゲンご愛飲者の方々による展示ブースでの発表をメインにした構成で開催されました。

五十を超えるブースでは、さまざまな趣向を凝らしたＦＦＣの具体的活用による鮮度保持や環境改善の実験結果が発表され、ＦＦＣの再現性の確立を裏付けることとなりました。

そのほかにもＦＦＣを活用して出合ったビックリ現象、ＦＦＣを活用した多岐にわたる産品など、非常に興味深い内容の展示が多数出品されました。

また全国から募集したパイロゲンベビー（パイロゲンをご愛飲のママから生まれた赤ちゃん）の笑顔あふれる写真は訪れた人たちを癒やし、パイロゲンによって子宝に恵まれたという喜びの声も紹介されました。

さらに大きな反響を呼んだのが、北海道から沖縄まで、日本全国の一万人の方にご協力いただいた、ＦＦＣを使用しての「ご飯テスト」です。

パイロゲンを少量加えて炊いたご飯と、水道水でそのまま炊いたご飯を別々の容器に入れて送っていただき、両者の鮮度保持力を比較したのです。

水道水では時間の経過とともにご飯は腐って真っ黒に変色してしまうのに対して、パイロゲンを加えたご飯は腐ることもなく色も白いまま。一目瞭然、誰が見ても鮮度の保持に明らかな成果が実証されたのです。

こうして一万人から送っていただいた二万個のガラス容器。それをユートピアファームのガラス温室の中に一挙に展示したのですが、その迫力たるや、来場者の度肝を抜くに十分な、インパクトのある大スケールのモニュメントになりました。

「ご飯テスト」は現在（二〇一一年九月）も実験継続中で、お送りいただいたご飯は実験開始から十年を経過したいまもそのままユートピアファームに展示されています。そしてパイロゲンで炊いたご飯には、未だに完全には腐っていないものが多く見られるのです。

私はいまも、業務の合間にたびたびユートピアファームに足を運んでいます。そこでこの「ご飯テスト」のモニュメントを見るたびに、ＦＦＣの持つ鮮度保持力、再現性、そしてそれ以上の無限の可能性を確信するのです。

※

ＦＦＣテクノロジーの効果を科学的に解明する――。

『ＦＦＣワールド二〇〇二』の開催によって、私たちはこの大きな目標に向けての第一歩を踏み出しました。

もちろん、その先に続く道が平坦でないことは分かっています。学者や大学の先生方による本格的な研究は始まりましたが、そんなにすぐに明快な答えが見つかるはずもありません。

しかしＦＦＣテクノロジーの存在というものを、世の中の多くの人たちに向けて発信できた、認知していただけたという点では、非常に大きな意味を持つイベントになりました。

このシンポジウムは、ＦＦＣの技術を対外的に発信した初めての試みだったのですが、多くの方に研究成果や実証例を目の当たりにしていただいたことで、「ウチもＦＦＣテクノロジーを導入してみたい」という業者さんが次第に増えてきました。またＦＦＣ普及会のみなさまにも、ＦＦＣやパイロゲンという製品をより深く理解していただけたと確信しています。実際に、

「これまで知らなかったＦＦＣの素晴らしさを再認識した」

「このシンポジウムに参加して、パイロゲンという〝製品〟だけではなく、それを生み出す『ＦＦＣテクノロジー』という〝技術的な側面〟を知ることができた」

「より強い説得力をもって、地域の方々にＦＦＣやパイロゲンをお勧めすることができる」といった、大変ありがたいご意見も数多くいただきました。

シンポジウムが普及会のみなさまのお役に立てたことは、私たちにとってもこのうえない喜びでした。

まだ無名だった頃から、パイロゲンの素晴らしさを信じて純粋な気持ちで普及に貢献してくださった会員のみなさまには感謝してもしきれません。

このシンポジウムが終了した後、今回の研究報告や展示発表などをまとめて掲載した『ＦＦＣワールド二〇〇一大会記録誌』という記念本を制作しました。

この本の制作にあたって父がいちばんこだわったのは、普及会のみなさまのお名前と写真を掲載するということでした。展示ブースに出品していただいた方々のお名前と写真を、できる限り掲載したいと。

そのこだわりについて理由を尋ねてみたところ、父は私にこう言いました。

「これはただの研究データの記録じゃない。ＦＦＣが世界に向けて歩き始めた証しだ。将来、ＦＦＣテクノロジーが世界中に広く普及して素晴らしい世の中が訪れたとき、その最初のキッカケをつくった最大の功労者として普及会のみなさまの名前を刻みたいんだよ」

それを聞いて私は、「なんてすごい人なんだろう」と心の底から感動したのです。

「ＦＦＣ普及会の存在と尽力なくして、ＦＦＣも赤塚グループもあり得ない」

装丁も立派でズッシリと高級感のある豪華本『ＦＦＣワールド二〇〇一大会記録誌』には、そんな父の思いが込められています。

※

天から授かった〝命を育む水〟を、世界中の人々のために役立てたい。そんな夢を持つ父にとって『ＦＦＣワールド二〇〇一』は非常に意義のある大会になりました。ＦＦＣテクノロジーや赤塚グループの、新たな歴史が始まるイベントとなったのです。

十月十三日、パシフィコ横浜の国立大ホールのステージ上で、来場者の方々に挨拶する父の晴れやかな姿は、いま今も記憶に残っています。

しかし、そのとき父の目は、もうその先を見つめていたはずです。心の中は、

「ようやく第一歩は踏み出したけれど、歴史はまだ始まったばかり。大事なのはこれからだ」

という身が引き締まる思いと、新たな不退転の決意で満たされていたに違いありません。

私は、そんな父の胸のうちを感じながら、近い将来に赤塚グループを引き継ぐこと、ＦＦＣテクノロジーを引き継ぐことの責任の重さを噛みしめていました。

そしてあらためて、父の夢を支えたい。その夢を〝自分の夢〟として、父の意志とともに引き継いでいくのだと、心に誓っていたのです。

時代が赤塚に追いついた！『愛・地球博』参画で学んだこと

『ＦＦＣワールド二〇〇一』の成功から四年後の二〇〇五年（平成十七年）、私たち赤塚グループにとって、さらなる飛躍をもたらした出来事がありました。三十五年ぶりに日本で開催された万国博覧会『愛・地球博（二〇〇五年日本国際博覧会）』です。

百二十一カ国、四国際機関が参加、百八十五日間の会期中に約二千二百万人が来場したこの万博に、赤塚グループはオフィシャルパートナーとして参画することになったのです。

父が『愛・地球博』のテーマが「自然の叡智」だと知ったのは、開催五年前の二〇〇〇年（平成十二）、『FFCワールド二〇〇一』の準備に追われているときでした。

初めてのシンポジウムのために超多忙な日々を過ごしていながら、このニュースを知った父は、まさに「この万博こそ、私たちの出番だ」と思ったそうです。

人工的につくられた「人知」に頼るのではなく、自然が本来持っている生命活動の原動力を引き出す。これこそが「自然の叡智」であり、それはまさにFFCテクノロジーの根底をなす考え方そのものではないか。

その自然の叡智をテーマにした二十一世紀最初の万博がお隣の愛知県で開催される。これは神様が与えてくださった大きなチャンスだ。そう思ったと父は言います。

「なんとしても『愛・地球博』に参加したい。自分たちがこれまで続けてきたことで、何かしらのお手伝いがしたい」

父の胸にそんな思いがこみ上げてきたことは、想像に難くありません。そして父は、私たちの思ったとおり、いや、それを上まわるほどのバイタリティをもって『愛・地球博』に参画するための行動に出ました。

ヘリコプターで万博会場全体にＦＦＣエース（ＦＦＣ処理をした土壌改質材）を散布して草木をよみがえらせてはどうか。会場内の大きな池にすべてＦＦＣ処理をして水の生命力を取り戻してはどうか。

そうしたアイデアを博覧会協会に提案したのですが、自然環境の破壊を懸念して反対運動が起こり、最初はすべて却下されてしまいます。協会幹部の方が一度は植物園に足を運んでくれたのですが、それ以降は梨《なし》の礫《つぶて》。そのまま時間だけが過ぎていきました。

しかし、一年後に転機が訪れます。会場内の水道水にＦＦＣを使ってもらえないかと提案に出向いた父のもとに、協会のプロデューサーが声をかけてくださいました。

そして逆に提案されたのが、高さ十五メートル、全長百五十メートルの巨大な緑

「愛・地球博」会場に設置された「バイオラング」。ＦＦＣウォーターが噴霧されている

「愛・地球博」会場・西ゲートのムービングウォークに掲出された赤塚グループの広告

花壁『バイオラング』への協力だったのです。

それは二酸化炭素を吸収し、酸素を出すという植物本来の力を利用して、街に人間の肺（ラング）のような循環機能を生み出すプロジェクトでした。そしてそのバイオラングにＦＦＣ処理をした水を噴霧するＦＦＣバイオミストという技術で参画することが決まったのです。ゲートに大きなモニュメント広告を出すことも認められました。

三重県の小さな会社が、『愛・地球博』の『バイオラング』のオフィシャルパートナーになることができたのです。

また『愛・地球博』に先立って名古屋駅近くのささしまサテライト会場に開幕した連動イベントであるテーマパーク『デ・ラ・ファンタジア』にも協力することになりました。

『デ・ラ・ファンタジア』会場にはＦＦＣウォーターが噴霧され、園内で使用するすべての水にはＦＦＣ処理が施されました。ささしまサテライト会場がＦＦＣで覆われたのです。

父の喜びは、いかばかりだったか。『愛・地球博』のオフィシャルパートナーと『デ・ラ・ファンタジア』への全面協力。後に父は「神様からの贈り物だ」と言っています。

国が主導する最新技術の祭典に、イベントに参画できたこと。

そこで世界中の人々にＦＦＣの技術を発信できたこと。

さらに、日本の行政や地方自治体の方々にも、この技術に関心を持っていただけたこと。

こうした経験は、私たち赤塚グループにとって非常に意義のあるものでした。企業としての信頼度も、大きく高まりました。

翌年以降の新卒採用では、面接に来る学生たちから「『愛・地球博』で御社（赤塚グループ）とＦＦＣテクノロジーを知りました」「万博の会場でＦＦＣに関心を持ちました」という声が数多く聞かれるようになりました。

また地元でも、たくさんの方々から「三重県の企業が万博に参加したのは誇らしい」と言っていただきました。

そして何より、ＦＦＣ普及会の方々にたいへん喜んでいただけた。「ＦＦＣの素晴らしさを再認識した」「この技術が世界に向けてアピールできた」「いままで以上に自信を持っておすすめできる」といった声をお聞きするたびに、万博への参画とその成果の大きさを実感したのです。

両親の教えを胸に、新たなる時代へ

この二〇〇五年は、赤塚グループにとって大きなターニングポイントになりました。創業四十五周年を迎えたこの年、『愛・地球博』への参画のほかにも、新社屋・新研究所の完成、全国一千ヘクタールの農地をＦＦＣで土壌改質する試み『農地再生プロジェクト』の開始など、さまざまな活動が集中して行われたのです。カトレア会からＦＦＣ普及会へと名称が変更されたのもこの年です。

さらに同年七月には『ＦＦＣ国際フォーラム二〇〇五』と題した二回目の大規模なシンポジウムが開催されました。

「ＦＦＣ国際フォーラム2005」が開催された名古屋国際会議場

「ＦＦＣ国際フォーラム2009」で挨拶する筆者

これは、前年からスタートしていた赤塚グループとハーバード大学との共同研究の経過や成果を発表した大イベントです。アメリカの最高学府、世界一の大学と称されるハーバード大学がＦＦＣに注目し、その科学的解明への研究に協力を約束してくれたのです。

『ＦＦＣ国際フォーラム二〇〇五』の会場は名古屋国際会議場。ちょうど『愛・地球博』の開催期間と重なったこともあって、国内はもとより海外からも大きな注目が集まりました。

この年、私は父の隣で赤塚グループとＦＦＣの飛躍的な発展を目の当たりにしながら、そう遠くない将来、ＦＦＣが世界に知れわたる日が必ず訪れるであろうことを確信したのです。

そして二〇〇五年以降も、

●『アンチエイジング国際シンポジウム＆エキスポ東京二〇〇六』への公式協賛（東京国際アンチエイジング大賞グランプリを受賞　二〇〇六年）

●『第二十七回日本医学会総会』への特別協賛（二〇〇七年）

●『ＦＦＣ国際フォーラム二〇〇九』の開催（二〇〇九年）とシンポジウムやイベント協賛が続き、そのたびにＦＦＣテクノロジーの認知度も高まっていきました。

またその間に、『ノンカロリーパイロゲン』（二〇〇八年）、『パイロゲンスペシャル3《スリー》』（二〇一〇年）などの新製品を発売。

さらに基礎化粧品やシャンプー、トリートメント、ボディソープといった清涼飲料以外のジャンルでもＦＦＣを活用した製品を発売するなど、精力的な活動が続いていきます。

それはまさに、赤塚グループの「一人の健康から地球の未来まで」というスローガンをそのまま行動に移し、着実に実践してきたということに他なりません。

※

理念を行動に移す。それは簡単なようで、誰もができることではありません。

「ＦＦＣという素晴らしい技術を世界に広めたい」という一心で、ただひたすら前を見て走り続けてきた父。同じ理念を胸に抱いて、全力疾走する父を陰ながら支えてきた母。

赤塚グループに戻って十五年間、私は、そんなふたりの傍《かたわ》らで多くを学んできました。その言葉で、その背中で、その生き方で、いつか渡されるバトンをしっかりとつかむ力、いまよりももっと遠くへと走り続ける力、新しい時代を切り拓いていく力を学んできたのです。

そして二〇一一年。

いよいよ「赤塚のバトン」が手渡される日がやってきました。

FFCパイロゲン スペシャル３（スリー）900mlパック

FFCノンカロリーパイコゲン900mlパック（左）、180ml ペアパック（右）

FFCスーパーシャンプー、FFCスーパートリートメント、FFCスーパーエッセンス

第三章

世界中の子どもたちの未来のために

――私が目指すこれからの赤塚、そしてＦＦＣ

創業五十年の節目で受け取った「赤塚」のバトン

「早く社長を代われ。早いところ後を継いでくれ」――。

これが、ここ数年の父の口癖でした。

七十代も後半に届こうという年齢になってなおバイタリティにあふれ、毎日あちこちへと精力的に動きまわっている父のこと、早く社長を退いて自由に、楽になりたい、〝楽隠居〟したい。そんなことを考えていたわけではないでしょう。

どちらかというと、バトンタッチの潮時を探していたと言ったほうがいいと思います。現在の赤塚グループは、何百人もの従業員を抱えており、さらに日本全国には十五万人ものＦＦＣ会員の方々がいらっしゃいます。

これまで圧倒的なカリスマとして赤塚グループを牽引してきた社長が代わるのですから、そうした周囲の関係している方々に与える影響も小さくはありません。

これまでの社長の存在感が大きかった分、新しい社長に対して不安を感じる方がいらっしゃるのも当たり前のことでしょう。

ですから、できるだけ分かりやすいタイミングで、みなさまに納得していただけるかたちで、スムーズにバトンタッチしたい。父のことですから、そう考えていたに違いありません。

その意味で、昨年二〇一〇年（平成二十二）は、私たち赤塚グループにとって非常に分かりやすい節目の年でした。ご存じの通り、グループが創業五十周年を迎えたのです。

創業から半世紀という大きな節目は、父にとっても私にとっても、バトンタッチするにはまたとない絶好のタイミングだったと思います。

そして――。

二〇一一年（平成二十三）一月十一日、私は、父が五十年という歳月をかけて大きく育ててきた赤塚グループを引き継ぎ、グループ三社の代表取締役社長に就任しました。

一月十一日というのは赤塚植物園の創業日。この日で、きっちり創業からまる五十年になったのです。

そして同時に、この日は父と母の五十回目の結婚記念日でもありました。つまり私の両親が結婚した日に、赤塚植物園が創業されたということです。

会社を起こしてからちょうど五十年。結婚してからも五十年。父にとっての五十年は、陰で支えてきた母と歩んだ五十年でもありました。

五十年目といえば金婚式。その記念すべき結婚記念日に、私は父と母がふたりで握りしめて走ってきた「赤塚」というバトンを受け取ったのです。

通常、企業の人事異動で新しい役職についた場合、前任者からそれまでの業務の引き継ぎを行うのが一般的でしょう。それは社長であっても同様のことなのですが、私の場合、そういった引き継ぎはありませんでした。

「引き継ぎがない」とは「引き継ぐことがない」のではなく、「引き継ぐことができない」ということです。

赤塚グループの歴史、これまでの五十年の歴史は、会長となった父と専務である母のふたりの歴史です。ふたりの行動の歴史です。

会長が強力なリーダーシップを発揮し、専務であった母を中心に従業員たちがそれをしっかりサポートする。その相乗効果で着実に前進する。それが、赤塚グループのスタイルでした。

だからこそ、赤塚はここまで大きくなれたのです。

大きな夢と高い理念と強い意志を持って、自分自身の知恵と行動で会社をグイグイと引っ張っていく。そんな父のカリスマ的な存在感、信頼感、経営スタイルを、私にはとても引き継ぐことはできません。あれは父だから、赤塚充良という人間だからできたこと。私がそのまま真似しようとしても、到底無理な話でしょう。

では、どうすればいいのか。あらためて、ずっしりと重いプレッシャーを感じました。しかし、もうバトンは私の手にあります。このバトンをどうすればいいのか。

押しつぶされそうな重圧のなか、考え抜いた末にあることに思い当たったのです。

継いでいくのは両親が守ってきた気高き「赤塚の理念」

いちばん大切なことを忘れてしまうところでした。

たしかに、父のやり方はまねできない。でも、これまで父の姿から学んできた「赤塚の理念」は、自分の中にしっかりと根付いているじゃないか、と。

手段は違えど、理念は同じ。

多くの人たちの心をとらえ続けてきた赤塚の理念。私自身もその理念に共感し、感動したからこそ、赤塚を引き継ぎたいと思ったのではないか。その思いが揺らがなければ、その理念のもとに行動するならば、道は必ず拓けるはず。

そこに思い至った瞬間、私から迷いが消えました。

父のやり方は引き継げなくとも、父の気高い理念を受け継いで、私だからできる、赤塚耕一だからできる方法で、赤塚グループをまとめていこう。

たしかにプレッシャーは大きいけれど、乗り越えてみせよう。そう誓ったのです。

①「損か得か」ではなく「善いか悪いか」で判断する

受け継ぐべきは父の理念。では、その理念とはどのようなものなのでしょうか。

私が赤塚に入社するまで、父と会話をする機会はほとんどありませんでした。ですから当然、「うちの会社の理念は――」「私はこの会社を～したい」といった話をすることもなかったのです。

私がそれを具体的なものとして感じたのは入社してからではなく、入社前の船井総研に勤務していた頃でした。

船井総研は経営コンサルティングの会社ですから、当然、さまざまな業種の企業とお付き合いがあり、私も在職中にいくつもの企業とお仕事をさせていただきました。

そして客観的な立場でいろいろな企業を見ることになるのですが、多くの企業を見れば見るほど、手前味噌でもなんでもなく、赤塚グループの素晴らしさが際立ってくるのです。

他の企業と比較してまず驚いたのは、企業でありながら、利益だけを最優先しないという考え方が浸透していることです。

もちろん、利益優先が悪いわけではありません。従業員を雇っているわけですから、お給料を払うためにも利益は絶対に必要です。また業績が上がらなければ、次の新しい試みに踏み出すこともできない。もちろん、利益が多いに越したことはないのは事実です。

ただ、あくまでもそれが最優先ではないということ。

むしろ赤塚グループでは世のため、人のため、大自然のために役立つと思えることには、損得勘定を抜きにして挑戦します。結果、持ち出しになってもやってしまう。

父は、昔からそういう人でした。

赤塚植物園の創業期に洋ランの研究所をつくるときでも、南米コロンビアにカーネーション農園をつくるときでもそう。「これぞ」と思うと銀行に借金してでも、自治体から融資を受けてでもチャレンジする。

自分だけが儲けようなどと思っていません。地元三重県の園芸農家のため、日本の園芸文化のため、そういうことにはひと肌もふた肌も脱いでしまう人なのです。

前にも書きましたが、中部国際空港（セントレア）の開港に合わせて津に港をつくるために、電話一本で五億円の寄付を決めてしまったのも、地元貢献のために「いいこと」なら自分の会社の懐事情は度外視してでも協力するという父らしいエピソードです。

当時は、そんな父を無謀だと笑う人もいたでしょう。たしかに、投資のすべてが成功したわけではありません。失敗に終わったこともあったといいます。

しかし父のその思いと挑戦があったから、そしてそんな父のために金策に奔走した母の苦労があったからこそ、赤塚グループの成功があります。また、その結果の延長として、私たちはＦＦＣテクノロジーに出合うこともできたのです。

利益最優先で儲けだけを追いかける経営をしていたら、失敗しても出てくる反省は「損をした」、「どうやって取り返すか」しかない。マイナスをゼロに戻すことに四苦八苦で、それから先には進めなかったでしょう。

売れれば勝ち、儲ければ勝者。そんな時代だからこそ、赤塚グループの企業としてのあり方、その存在の〝ありがたさ〟は際立っているのです。

「損か得か」で考えず、「善いか悪いか」で考えなさい――。

父はいまでも、従業員はもちろん面接試験に来た学生にもこう言い続けています。

不況が続き、景気が底を突き、いまだ先の見えない世の中で、この「損得勘定抜き」を貫くことは簡単ではないでしょう。でも、こんな時代を大きく変えていくのは、こういう思いで仕事をする人と企業なのではないでしょうか。

そう信じて、父の生き方そのもののこの理念を引き継いでいきます。

②良心に反することをしてはいけない

世の中、企業の不祥事の多いこと。横領だ、背任だ、表示詐称だと、もはやニュースや新聞のお得意様というか常連記事になっています。

コンプライアンスなどという言葉が注目されましたが、経済活動をするうえで法律を守ることなど、そんな横文字を使うまでもなく、当たり前のことだと思っていました。

しかし、いまの世の中、利益を上げること、売り上げを伸ばすこと、そして企業の自己保身だけが企業経営の目的になり、そのためには企業ぐるみで良心の呵責《かしゃく》を覚えるような手段に出ることもやむなしという考え方が少なくないことは事実です。

船井総研での仕事でも、法律を犯さないにしても、きわどい手段に出てでも利益を上げたいという姿勢の企業をいろいろと見てきました。自分が経営者になったときに、こうした判断を迫られるときがくるのだろうか、自分は良心が咎《とが》めるようなことができるだろうか。真剣に考えさせられたこともあります。

そんな世の中ではありますが、父はこの五十年間、経営者として「良心に反することはしない」という理念を貫いてきました。

そうした父の清廉潔白さ、正々堂々さは、会社のトップに立つものとしてなくてはならない資質だと思います。

私も、父からバトンタッチされたとき、自分への戒《いまし》めとして「お天道様に顔向けできないような仕事をしてはいけない」と心に決めました。

法律だから守る、というのは当然です。しかしそれ以上に、自然と直に触れあい、自然に生かされている人間が、その恵みの根源である太陽（お天道様）に顔を向けられない仕事をするわけにはいかないという思いが、強くありました。

地球と太陽が絶妙のバランスで存在することで地球上に海が生まれ、緑が生まれ、生命が誕生しました。この大自然と、私たちが生まれる奇跡を引き起こした太陽を見上げられない、顔を上げられないような生き方はしたくない。そう思ったのです。

私たち赤塚グループは、ＦＦＣという素晴らしい技術を授かりました。そしていま、それを世界中に広めるという使命を担っています。

良心の呵責に苛まれるような方法で広めようとすれば、この技術は世界に広がるどころか、手もとからスーっとこぼれ落ちてしまうかもしれません。

良心に反することをしない――。

正しく誠実であれというこの理念を守る者にこそ、ＦＦＣという技術を扱う資格があるのです。

この技術を、そこから生まれる水を、扱う人間の手で濁らせてはいけない。埋もれさせてはいけない。そのためにはまず、父や母のように、グループのトップに立つ私が清廉潔白でなくてはいけない。

そして、この水に関わるすべての人が、清廉潔白であってほしい。

そう思うのです。

③いいものは独り占めせず、みんなに広める

新しい技術を手にしたならば、自分たちだけで独り占めするのではなく、みなさんで使っていただこう――これも、父がずっと言い続けてきたことです。

そしてこの理念はそのまま、FFCテクノロジーという素晴らしい技術を、みんなで使って、みんなで広めていっていただきたいという、FFC普及会の基本精神でもあるのです。

父は何かいいものを見つけても、それを独占して自分だけ儲かろう、甘い汁を吸おうという発想が微塵もない人です。前述したように、まさに清廉潔白。ピュアな人なのです。

ＦＦＣに最初に出合ったときも真っ先に頭に浮かんだのは、「この水で地球全体が覆われたら、世界中の土も植物も動物も、そして人間も、みんな元気になれるだろう」「こんなに素晴らしいものがあるのなら、早く世に出してみんなを元気にしたい」ということだけ。

「発見したのはウチだから独占販売すればガッポリ儲かるぞ」みたいな俗っぽい発想など、何ひとつ思い浮かばなかったそうです。

誰しもが心のどこかで、「いま水は注目されているから、特許を取って商標を申請すればオリジナルのミネラルウォーターとして――」などと考えてしまいがちです。

しかし父に言わせれば、自分が最初に出合ったのはたまたまの偶然。いいものなんだから、みんなでその恩恵にあずかればいい、ということなんです。

たしかに、父とＦＦＣとの出合いはタイミングとしては偶然だったのかもしれません。でも私利私欲の心がまったくなくて、ただひたすら純粋にいいものを広めたいと願う人のところに、ＦＦＣという技術に訪れるべくして訪れたのではないか。日本に本物の園芸文化を根づかせるという夢に向かって欲得なくひたむきに頑張ってやってきた人のところにもうひとつの夢のチャンスが訪れたのは、ただの偶然なのだろうか。そこには何かしらの縁があるのではないか。そんな気がするのです。もし赤塚グループがそうした縁でＦＦＣと出合ったのだとしたら、私も父と同じ理念を引き継ぐことで、その縁をいま以上に大切にしていきたいと思っています。

いいものは、みんなに――。

このシンプルでピュアな理念こそ、いまの赤塚グループを、そしてＦＦＣ普及会を動かす原動力となっているのです。

④日本人の和の心を大切にする

「いいものはみんなで分かち合う」という理念。これは古きよき日本人の精神のひとつと言ってもいいでしょう。古きよき日本の精神とは、〝和の心〟や〝人と人との絆〟ということだと私は思います。

会員のみなさまのご紹介を通じてＦＦＣ、パイロゲンの素晴らしさを地域に広めていただくというＦＦＣ普及会の活動も、日本人の和の心で成立しているシステムなのです。

全国にお客様がいて、普及会の会員の方がいて、会社があって、従業員がいて、地域社会の人がいる。その誰もが「自分だけ」という意識を捨てて周囲の人々、自分の周りのコミュニティ全体のことを気にかけ、案じる。そうした〝和の心〟は、日本が世界に誇れる素晴らしいメンタリティだと思います。

東北地方を中心に甚大な被害をもたらした今回の東日本大震災。このときも被災地で社会的秩序を保って互いに助け合う日本人の和の心、思いやりの心はニュースとなって配信され、世界中から賞賛されました。

いかなるときでも、周囲の人を思いやる。人の痛みを自分の痛みとして感じ、人の喜びもわが事のように喜ぶ。こうした人と人との結びつき、信頼関係こそが、日本人の和の心の原点なのだと思い知らされました。

私たちはその原点を、会社経営、企業活動においても決して忘れてはいけないのです。

いまの時代、ともすれば利益最優先のドライで殺伐としたものになりかねない経済活動のなかにこそ、日本人の和の心が求められるはず。

私が船井総研に勤めていた一九九〇年代前半の日本は、バブルも崩壊しグローバル・スタンダード云々ということが声高に叫ばれていた時代でした。

ビジネス業界ではコストパフォーマンスだ、仕事効率の重視だ、株主やステークホルダーに対する責任だといったアメリカナイズドされた考え方が台頭して、旧来の日本型企業の慣習（終身雇用や年功序列など）こそ諸悪の根源だ、などという風潮が高まっていました。

そんな時代において赤塚グループは、従来の古きよき日本のいいところを、そっくりそのまま持ち続けている数少ない企業のひとつだと思います。

昔ながらの家族的な雰囲気が生み出すあたたかい社風のもと、自然に直に触れられる仕事の喜びがあふれ、穏やかな人間関係が築かれている。

「いいものだからみなさんに使ってほしい」「自分の味わった感動を、周囲の人にも分けてあげたい」という純粋な気持ちが、ＦＦＣに関わるすべての人たちに浸透している。

そして、さらに誇るべきは、そのやり方で成功を手にしているということ。

昔からの、日本人ならではの信頼関係をベースに、欲得なく、損得勘定でもなく、関わっている人々みんなを幸せにしたい。

こうした理念は、ともすればボランティア精神と同一視され、企業活動とは相容《あいい》れないと思われるかもしれません。

しかし正しい理念に基づいて道から外れずに活動すれば、正しい利益が生み出される。父と母が半世紀にわたって守ってきた赤塚グループの発展が、それを証明しています。

日本人の和の心――。

それはグローバル・スタンダードが叫ばれる時代だからこそ、忘れてはいけないものであり、世界を目指す日本企業にとって、そのあり方や経営方法を考える際にもっとも求められる理念だと思います。

そして赤塚グループには、その理念がしっかりと根づいているのです。

父と母から受け継ぐ「赤塚のDNA」～経営者としてあるべき姿とは

「経営者」を辞書でひくと「企業経営に関する最高の意思決定をする人。経営活動の全体的遂行を指揮・監督する人」などと記されています。たしかにその通りですが、それはあくまで「経営者という役割」の説明です。では経営者に求められるもの、必要とされる資質とはどのようなものでしょうか？

会社の利益を伸ばす手腕、従業員の雇用を守る経営術、株主に利益を還元する責任感――。もちろん、人によってそれぞれ答えは違うでしょう。

しかし私にとってその問いの答えは、やはり父と母の後ろ姿にありました。

「誰もが健康で幸せな生活を送れるような美しい日本、美しい世界をつくり、地球環境を改善することで、世のため人のために尽くしたい」――そんな父のブレない軸、揺るぎない理念。

「その理念を共有し、共鳴し、一歩下がって陰ながら支えたい」――そんな母の無私で分け隔てのない献身と慈愛。

これこそが、私が考える経営者に最も必要とされる資質です。

大いなる理念と大いなる愛。会社というクルマの底辺に据えられたこの両輪が、常に同じ方向を向いて（同じ夢を持って）進んでいく。どちらの車輪が止まっても会社はまっすぐには動けません。両輪がバランスよく回ってこそ、会社も進むべき道を前進できます。

そして、この両輪が揺るがずに安定しているからこそ、その上で働く従業員にもクルマの目指す先、向かう先がはっきりと見える。みんなが同じ夢を持つことができるのです。

父と母は「大いなる理念」と「大いなる愛」という両輪となって、赤塚グループを走らせてきました。横道に逸《そ》れることなく、まっすぐに。

この両輪こそが、これから先、ずっと受け継がれていくべき、言わば「赤塚のDNA」なのです。「理念と愛」。私はこの両輪を兼ね備えた経営者を目指さなければなりません。

両親の思いを私の軸にして、私が、私自身のやり方で赤塚のDNAを受け継いでいく。もちろん、決して簡単なことではないでしょう。父と母が二人三脚で、力を合わせて、半世紀もの歳月をかけて貫き通してきた理念と愛です。その大きさや歴史の重さは、これからの赤塚グループを背負う私を、ときに強大なプレッシャーとなって苦しめるかもしれません。

しかし、だからこそやりがいの大きさも桁違《けたちが》いです。両親が守ってきた赤塚のDNAを受け継ぐ誇りと喜びが、重圧を跳《は》ね除《の》ける力になってくれるはずです。

※

赤塚グループを受け継ぐ経営者としての私に最も求められるもの、それは「理念と愛」というＤＮＡです。

父のやり方は、父だからこそできた手段。私は父ではないのだから、その手段をそのまま引き継ぐことができないのは当然です。

経営者として、父ではなく私だからできること。私は私なりの手段で、赤塚のＤＮＡを守っていこうと決意しています。

私という人間を自分で分析してみるに、父のようにカリスマ性を持ち、圧倒的なリーダーシップを発揮して組織をグイグイと牽引するというタイプではありません。

野球の監督にたとえるなら、父は監督を務めながら主力選手として試合にも出るプレイングマネジャーで、私は選手が持てる以上の力を発揮できるようにチーム環境を整えるというタイプです。ならば、その自分の持ち味をどうやって経営に生かすかをしっかり考えたい。

たとえば、父のやり方では目が届かなかった部分、見てこれなかった部分に目を向ける。対外的な営業面の強化とは次元の違う部分に目を向けるということです。

言うなれば、従業員、ＦＦＣ普及会、そして取引先の方々まで、一人ひとりが赤塚グループの理念に賛同いただき、それぞれの夢を実現するための主人公になれる環境を整備するということです。

さらに、常に新しいことを求めて走りまわっていた父が、ついつい現場任せで目が届かなくなっていた部分を再度見直し、ケアできる社内システムを整備することもそうでしょう。

それは五十年間を全力で走ってきた赤塚グループの〝健康診断〟と言ってもいいかもしれません。

会社をいま一度内側から細かくチェックして、傷んでいるところや疲弊しているところを手当てする。内面のバランスや調子を整えることでグループ全体の体力を向上させ、次なる飛躍を生み出す土台をより強固なものにする。

従業員や普及会の方々が仕事をしやすい環境を整えて、みんなで力を合わせて組織の総合力を向上させる。

そんなやり方こそが、私だからできる、私ならではの方法だと思うのです。

私はこれから、偉大な四番打者でもあった前監督から引き継いだこのチームを、新監督として新たなチームにしていかなければなりません。

偉大なカリスマ四番バッターを信頼してついていくチームから、みんなで力を合わせて勝ち上がるチームへ。

チームのスタイルは変わります。しかし底辺にあるDNA、進むべき道、目指している夢は、これまでと何ら変わることはありません。

赤塚グループという全員野球のチームをきっちりとつくり上げ、そのチームで世界を目指して、いままで以上に飛躍していくこと。

それが、五十年の歴史を引き継いだ新経営者としての私が取り組むべき仕事であり、あるべき姿であり、父や母、従業員や普及会の会員のみなさまなど、赤塚グループに関わるすべての人々に対して果たすべき責任だと思うのです。

※

ＤＮＡと言えば、他にも忘れられない光景があります。

それは、父方の祖父のことです。

父も母も仕事で忙しい家に育った私は、幼少の頃からおじいちゃん子、おばあちゃん子でした。祖父母ともに私をよく可愛がってくれて、私もよく懐《なつ》き、とくに祖父からは大きな影響を受けているといまでも感じることが多々あります。

私が中学生～高校生の頃、家を改修していて祖父母は少し離れた家に移っていた時期があったのですが、その頃は、学校から帰るとまず祖父母の家に行って夕ご飯を食べ、そのあと自分の家に帰ってまた夕飯を食べる。そんなことがしょっちゅうでした。食欲が旺盛だったせいもあるのですが、祖父母の家に行くのが楽しかった。それくらい愛し、愛されていたんです。

祖父は温和な人で、腹を立てたり怒ったりした姿を、私はほとんど見たことがありません。それは外でもまったく同じで、周囲からは「仏の清《きよし》さん（祖父の名）」と呼ばれていたほどです。

また祖父母ともに信仰心が厚く、毎日朝と夜は神棚に、夕方は仏壇に手を合わせるのが日課で、毎月一日にはお墓参りをし、毎年正月は地元の神社や伊勢神宮へのお参りを欠かしませんでした。子どもの頃の私も祖父母と一緒に手を合わせるのが習慣になり、子どもながらにも、お参りすると心がスーっときれいになっていくような穏やかな気持ちになったものです。

私が東京の大学に入り、実家を離れての生活になってからは、休みに帰省したときくらいしか顔を合わせる機会はありませんでした。

そして、私が大学を卒業し、大阪の船井総研に入社してから一年ほどした春のことです。私は偶然、用事があって実家に帰ってきていました。そこで、明日はまた大阪に戻るという日に祖父の寝室に顔を出したんです。

すると祖父がベッドの上に正座して、こっちを向いてひと言、

「いままでありがとう」

そう言ったんです。背筋を伸ばして、まっすぐ私を見て。急にそんなことを言われて驚きつつ、「また来るからね」と、私は翌日大阪に戻りました。

そして、その一カ月後に祖父は亡くなったんです。

信仰心の厚かった祖父だけに、自分の死期を悟っていて、愛する孫へ最後の言葉をかけようとしてくれたのではないか。そう思いました。

そう思ったとき、ふと考えました。私が生涯を閉じるときには、何を思うのだろうか、と。

自分に与えられた使命をまっとうできただろうか。

お世話になった方々に感謝して逝《い》けるだろうか。

「反省はしても後悔はしない」、そんな生き方ができただろうか。

世のため、人のため、自然のため、神々様のために尽くすことができただろうか。

人生の最後に自問するであろうこれらの問いに、自分なりにはっきりと答えを出すためには、いまを、一日一日を、全力で生きるしかありません。

祖父の死は、私にそのことを教えてくれました。「言葉」ではなく「生き方」で教えてくれたのです。

そう、祖父は赤塚グループの理念の源なのです。温厚で誰からも慕われる人柄で、人と人との調和を何よりも重んじ、身内でも驚くような息子（私の父）の数々の挑戦や賭けを、心配しながらも信じて見守り続けた。そういう人でした。

祖父から父へと受け継がれ、これからは私が受け継いでいく「赤塚のＤＮＡ」。そこには大いなる夢や理念とともに、人としてのあり方、人としての生き方もが刻み込まれています。この深遠なるＤＮＡに恥じることのない人生をまっとうすること。それも私の使命だと思っています。

※

さらに、私に受け継がれた「赤塚のＤＮＡ」に大きな変化をもたらしているものがあります。それは私の周囲にいらしたさまざまな人々――尊敬している方、刺激を受けた方、感動を与えてくださった方など――からの素晴らしい影響です。

たとえば父の友人のなかに、自分の命を投げ打つ覚悟で、地球や大自然や人々を守ろうとする姿を見せてくださっている方がいらっしゃいます。

他にも自分の子だけではなく、世界中の子どもたちのために人生を賭けている方がいました。私財を投げ打って、地球環境のために貢献しようとする方がいました。

私の周囲には、そうした「愛」にあふれた方々が大勢いらっしゃったのです。

そうした方々から学んだのは「無私の精神」であり「自己犠牲の愛」、「父性愛」です。その方々の素晴らしい行動や生き方に触れたこと。そうした素晴らしい方々とのご縁をいただいたこと。

それが私の本来持っている「赤塚のＤＮＡ」に大きなプラスの変化をもたらしてくれたのです。

両親の、祖父母の、尊敬する人々の、多くの人々の生き方に影響を受けて形成された赤塚のＤＮＡ。それは、これからの私を動かしていく力になるのです。

「Time is Money」を「Time is Life」に

今回、社長職を継いだことで、再認識したことがあります。それは「時間」というものの貴重さ、大切さです。よく「Time is Money（時は金なり）」

と言われるように、私たちにとって、「時間」は決して無駄にできないものです。

私は今年（二〇一一年）で四十三歳になります。いま、日本人の平均寿命は男性で約七十九歳、女性で約八十六歳くらいでしょう。おおまかに人生だいたい八十年と考えれば、私に残されている時間はあと二十～三十年ほどしかありません。

赤塚グループという大きな組織、大きな家族をあずかった私は、自分に残された時間のなかで何ができるのか。自分の理念、軸に沿った経営を進められるのか。自分の次の世代に胸を張って引き継げる会社にできるのか。こういったことが頭をよぎるようになったのです。

それまでも「時間は大切にしなきゃ」とは思っていましたが、それとはまったく違う次元でそう思うようになりました。世の中の経営者という立場にある人たちは、多かれ少なかれ、みなこうした思いを持っていらっしゃるかもしれません。

決して焦っているわけではありません。会社を任された自分には、夢を実現させるために、やりたいこと、やるべきことがたくさんあります。お客様に対して、従業員や普及会に対して果たさなければならない責任も数多くあります。

そう考えたとき、限られた時間を大切にすることがいままで以上に大切だという意識がとても強くなったのです。

父が「いいと思ったら、すぐやる人」だということは前述しました。ときにプロセスをすっ飛ばしても、手続きや金策にあとまわしでも、すぐにやる。その素早い決断やフットワークのよさ、類まれな実行力は、まさに時間を無駄にしたくない気持ちの表れでしょう。父もまた、限られた時間の貴重さをよく知っていたのです。

また、もっと大きなレベルで考えれば、人間の寿命どころか、この地球も待ったなしの状況を迎えているのが現実です。水や土や空気は汚染され、自然は本来の生命力を失い、資源も採り尽くされて枯渇状態。地球の寿命を縮めるような人為的行為が、いま現在も行われ続けています。

いま、地球にも時間がないのです。

地球や地球上の自然環境が、人間の営為を原因として息絶えてしまうまでに残された時間。このままでは、もう決して長くないでしょう。私たち人間は、その時間内になんとしてでも自然を、地球を蘇生させなければなりません。間に合わなかったでは済まされません。

私たち赤塚グループは、地球や自然をよみがえらせる技術であるＦＦＣテクノロジーを授かりました。この技術が世界中に広まれば、地球は健康で美しいもとの姿を取り戻せます。そんな素晴らしい技術を授かっている私たちだからこそ、時間を無駄にしてはいけないのです。

私に残された時間と地球に残された時間。その限られた時間のなかで、地球のためにできることを、少しでも多く、少しでも長くやっていきたい。

私にとって「Ｔｉｍｅ ｉｓ Ｍｏｎｅｙ（時は金なり）」は「Ｔｉｍｅ ｉｓ Ｌｉｆｅ（時は命なり）」なのです。一分、一秒でも早く日本から世界へとＦＦＣを広げていくことが、そのまま地球の再生、自然の再生、そして命の再生につながっていくのですから。

※

たしかに「時は金なり」という言葉も、その通りだと思います。

前述したように、「損得よりも世の中の役に立つかどうか」というのが赤塚グループの、父の理念です。しかし経済活動をしている企業である以上、利益は絶対に必要になる。それもまた事実です。

問題は、利益とか儲けに対する考え方なのです。

よく「金《かね》は天下の回りもの」と言います。お金は使うからこそ、入ってくる。これも経済社会のひとつの真理であって、父と母がこれまで実践してきたことでもあります。

お金は「エネルギー」なのだと私は思います。健全な企業活動をして得た健全な利益は、健全なるエネルギーとなって世の中を循環していく。健全なお金というエネルギーは、世の中の役に立つ原動力となる。そう思うのです。

ですから得た利益をどう使うか、何に使うか、どこにまわすか。エネルギーをどこに向けて利用するのか。これが、いちばん重要になってきます。

健全なエネルギーは、健全な生命を育むための源になります。そういった意味でも、「Ｔｉｍｅ ｉｓ Ｍｏｎｅｙ（時は金なり）」は「Ｔｉｍｅ ｉｓ Ｅｎｅｒｇｙ（時はエネルギーなり）」であり、「Ｔｉｍｅ ｉｓ Ｌｉｆｅ（時は命なり）」につながるのです。

ＦＦＣ普及会を、より価値あるビジネススタイルに

赤塚グループにとってＦＦＣテクノロジー以上に世界に誇れる財産、それが『ＦＦＣ普及会』です。

一九九二年（平成四）に『ＦＦＣ普及会』の前身「カトレア会」が発足しました。もともとは当時社長だった父の考え方に賛同し、パイロゲンで健康になったご愛飲者の方々が善意で、口コミによってＦＦＣやパイロゲンを周囲の方々に広めてくださったのがきっかけでできた組織です。

ＦＦＣやパイロゲンのよさを広めていくには、人から人へ、口コミという手段しかありませんでした。ですから「カトレア会」の発足は、私たち赤塚グループにと

って非常に大きなターニングポイントになり、ＦＦＣやパイロゲンが広まる大きな原動力にもなったのです。

「カトレア会」は、その後、二〇〇五年（平成十七）に現在の『ＦＦＣ普及会』に名称を変更していまに至っています。

以来、二十年近くにわたる会員のみなさまの地道でひたむきな活動が、ＦＦＣの普及と世の中での認知に多大なる貢献をしてくださっていることに対して、私たちは、ただただ感謝するばかりです。

赤塚グループでは、毎年二月と九月にＦＦＣ普及会向けの特別研修会を開催しています。

今年（二〇一一年）二月の研修会には、私も、社長を引き継いで初めて参加して、会員のみなさまにお話しさせていただきました。

そこで私の申し上げた思いは、ＦＦＣ普及会というのはとても尊く大変価値のある活動だということ。そして、その活動はビジネスとしても大きな価値があると思っているということです。

では、そう思う理由は何でしょうか。

ひとつには、ＦＦＣテクノロジーが、オンリーワンの技術だからです。「一人の健康から地球の未来まで」という赤塚グループのテーマは、同時に普及会の方々の活動におけるテーマでもあるのですが、まさにその通り、人も動物も植物も、みんな元気になる。さらに水や土や空気といった環境も本来の力を取り戻してよみがえる。こういう技術は世界のどこにもありません。

天から授かったオンリーワンの技術を伝え広めることで地球環境を改善するなど、大自然に対してよいことができる、貢献できるのはものすごく価値のあることなのです。

ふたつめには、その技術は喜びと感動をもって広められるということ。本当に信頼している方におすすめして、しかも相手に喜んでいただける。

お伝えする側は「素晴らしい技術を伝えられることに感謝」し、「お伝えした相手に喜ばれて感謝」される。

伝えられた方は、そのことで「ＦＦＣとの貴重な出合いに感謝」し、「伝えていただいた方に感謝」する。つまり、お互いに感謝しあえるビジネスなのです。

ＦＦＣ普及会はシステムとしてはネットワークビジネスのかたちをとっていますが、その底辺にあるものは、他のネットワークビジネスによくある競争や強制、ノルマといったものとは完全に一線を画しています。

ＦＦＣ普及会にあるのは、ＦＦＣテクノロジーを通じて生まれる感謝のやりとりと純粋な喜びの共有です。他のネットワークビジネスに見られるような〝被害者〟をつくらない活動でありシステムです。それは「日本人古来の和の心」であり、「絆」と言ってもいいでしょう。

「和の心」をもって仕事ができる喜び。さらに得られた収入を次の普及活動へ使うことが、世のため人のために役立つことになるという、ビジネスと環境保全活動を両立させる喜びがあります。だからこそ、価値があるのです。

パイロゲンを愛飲して健康になり、仕事として経済活動ができ、自らの活動でＦＦＣテクノロジーを広げ、新しくよりよい社会や地球環境の創造に貢献できる。

人それぞれの経験や思いによって、それぞれのスタイルで仕事ができ、それが自己成長にもつながる。言わば経済、環境、健康の善循環をつくりだせる。

ＦＦＣテクノロジーとともに、こうした素晴らしいＦＦＣ普及会を受け継ぐことは、私にとって非常に誇らしく、またそれだけに大きな責任も感じています。

「ＦＦＣテクノロジーという技術を、みんなで使って、みんなで広めて普及していただきたい」という父の思いを不変の軸として持ちながら、これまで以上に会員のみなさまが普及・広報活動をしやすい環境を整える。それは、私に課せられた重要な責任なのです。

そのために、場合によっては手直しをしたほうがいい部分があれば、状況に応じて変更・修正をしていく。そんな必要もあるのではないかと思っています。

発足から二十年を迎える普及会ですが、その長い活動期間を経てきたなかで、会員のみなさまが仕事をしにくいところがないか。

発足当時からは大きく変わったいまの日本の経済状況や社会情勢、時代背景などと照らし合わせて、普及会自体のシステムに不都合が出てきていないか。

どの部分を修正すればいいのか、抜本的に変えたほうがいいのか、いや、変えないほうがいいのか。

そうしたことを常に考えていきたい。そのためには、リーダーの方々や会員のみなさまからのご意見を、積極的にお聞きしていくことが重要だと考えています。

普及会会員のみなさまやパイロゲンのご愛飲者のなかには、それぞれ独自の方法でＦＦＣの活用実験をされている方も多くいらっしゃいます。

ＦＦＣ処理をした水と普通の水道水の両方に同じものを浸けてその変化を比較したり、昆虫を育てたり、ぬか床に使用してみたり、皮革製品のお手入れに使ってみたり――。みなさん、そうしたさまざまな実験からＦＦＣの素晴らしい働きを再発見しているのです。それらの活動は、ＦＦＣの活用範囲を広めるための貴重なヒントになっています。

また、これまでは社長だった父がリーダーシップをとって会社が決めたことを、普及会にお伝えして実施していただいていました。しかし、これからは私も含めて赤塚グループの従業員も会員のみなさまと一緒になって普及活動を展開していかなければと思います。

赤塚グループと普及会との絆、和の心をいままで以上に深め、両者がひとつになって新しい時代にＦＦＣを広めていきたい。

そのためにもＦＦＣ普及会のみなさまには、これまで以上にご協力、ご尽力をお願いしたいと心より思っています。

子どもたちの未来を託せる地球を取り戻すために

赤塚グループ本社にあるユートピアファームには、約千二百人ものかわいい赤ちゃんの写真がモニュメントになって展示されています。

これは二〇〇一年（平成十三）に『ＦＦＣワールド二〇〇一』を開催した際に実践技術の発表の一環として展示した「パイロゲンベビー」の写真。パイロゲンをご愛飲してくださるママさんから生まれた、元気で可愛い赤ちゃんたちです。

私は仕事の合間などにユートピアファームに行って、よくこの写真を眺めます。たくさんの、宝石のようなパイロゲンベビーの笑顔を見ると、心がじんわりと癒やされてなんとも言えない幸せな気分になれるのです。

子どもたちは日本の、世界の、地球の宝物です。未来の象徴です。

そして私たち大人は、子どもたちが笑顔をなくさずに元気に生きていくことができる地球環境を残していかなければなりません。

しかしいまの地球は、果たして子どもたちの将来を託せるような状態にあるでしょうか。地球温暖化に環境ホルモン、水質汚染や酸性雨、産業廃棄物問題――。自然は本来持っている力を失い、動植物や人体にも悪影響を与えている。もはや、この地球は息も絶え絶えの状態と言ってもいいでしょう。

さらに今回の東日本大震災とそれに伴う福島第一原発の事故による放射能の問題も、私たちの生活や子どもの未来、地球環境の将来に大きく暗い影を投げかけています。

もう、これ以上の環境汚染は食い止めなければいけない。

昔、私たちが当たり前のように海や川、山や野原で遊んでいた頃の、異常気象もなく美しい四季のあった頃の環境に、もう一度戻さなければいけない。

それは私たち大人に課せられた責任、なんとしても果たさなければいけない重大な責任なのです。

とはいえ、それは決して簡単なことではありません。これまでの生活を根本的に見直して、できる限り人工的化合物や有毒な物質を排出しない。省エネや省資源に取り組むといった身近なところから生活改善をしていくなど、一個人としても、企業として、地域として、まずは私たち大人が先頭に立って行動していく。それが大切だと思います。

「一人の健康から地球の未来まで」——。

私は父から赤塚グループを引き継いだとき、あらためてわが社が掲げているテーマの意味を噛みしめました。そして思ったのです。

「子どもたちのために、地球の未来を取り戻したい」と。

私にも、三歳と一歳になる子どもがいます。

子どもが生まれてから、自分の中で人生の価値観がガラリと変わりました。独身のときには、何をするにもすべて自分中心でよかった。若いときは誰でもそうなのかもしれません。自分のしたことによって何が起こっても、それは自業自得。自分に返ってくるだけという考え方が、心のどこかにありました。

しかし結婚して子どもが生まれ、わが子を腕に抱いたとき、その考えは跡形もなく消え去りました。腕の中にある小さな命を、なんとしても守らなければいけない。この子と、世界中の子どもたちの未来のために、自分ができることは何でもしよう。子どもを持つ一人の父親として、そう心に誓いました。

では、自分には何ができるのだろうか。わが子だけでなく、世界中の子どもたちのためにできることは何か。

私にとってその問いの答えは、やはりただひとつ。ＦＦＣテクノロジーという可能性にあふれた技術を、世界に広めていくことです。そしてそれは、赤塚グループを引き継いだ私だからこそできることなのだと、あらためて思ったのです。

※

子どもたちのために、いい環境を残したい。少しでも地球環境をよくしたい。大人ならば誰もがそう思っているでしょう。ただ、その残し方が分からない、環境をよくする手段や方法が分からないという人が多いのではないでしょうか。

ただ「子どものためによりよい環境を残しましょう！」と思い立ったところで、結局「で、どうすればいいの？　何をすればいいの？」となってしまう。言うだけなら簡単ですが、その方法論となるとトーンダウンしてしまう。

そんないまこそ、私たち赤塚グループの出番です。

私たちには、その手段があります。子どもたちによりよい環境を残してあげられるＦＦＣテクノロジーを授かり、持っています。そして、普及会というシステムもある。この技術を持って、地球環境の改善に取り組むチャンスを与えられているのです。

たとえばＦＦＣ元始活水器を一戸建て住宅やマンションの水道管の元の部分に取り付けると、排水溝にＦＦＣ処理された水が流れて下水が活水化されていきます。

この技術が広く認知されて、すべての家庭にＦＦＣセラミックスが設置されれば、下水も生活用水もきれいになり、ひいては川や海も美しく生まれ変わるでしょう。そして、さらには本来あるべき健全な生態系までが戻ってくるはずです。

こうした素晴らしい技術や水がある。誰もが、この水を使うだけで環境改善に参加できるのです。私たちは、この事実をできる限り多くの方に知っていただいて、FFCの技術を最大限に広めていかなければいけません。

それには、普及会会員のみなさまの地道で草の根的な広報活動が不可欠です。自らの体験を通じて発せられる真実こそが、周囲の人々を動かすことができます。そして動かされた人がまた、自分の感動体験を次の人に伝えていくのです。

FFCによって広がっていく喜びと感動の連鎖が世界中を大きく包み込んだとき、この地球は、何の心配もなく子どもたちの未来を託せる本来の母なる星に戻っているに違いない。

そう信じてFFCの普及に邁進《まいしん》することが、私たち赤塚グループがやらねばならない地球環境対策なのです。

自然が育む美しい心 ～子どもたちに「花育」と「水育」を

近年、「食育」という言葉が注目されています。

「食育」とは、食事や食材を通じてマナーや伝統、命の大切さや環境問題などを学ぼうという教育分野のこと。二〇〇五年（平成十七）六月には「食育基本法」なる法律も制定されています。

同じように、子どもたちに小さい頃から花に親しみ、育てること、育てる楽しみや花の知識などを教えることで、豊かな心を育んでいこうという活動が「花育」。園芸業界や花の生産者、そして農林水産省がいま、力を入れて推奨しています。

子どもたちの未来のために地球環境をよみがえらせるのも大人の責任ですが、そういった物理的なことだけでなく、未来を生きる子どもたちの「心」をきちんと育てていくことも、それ以上に大切な、大人に課せられた務めなのです。

植物園からスタートした私たち赤塚グループでは、注目され、推奨されるようになる前から「花育」に通じるさまざまな試みやイベントを行ってきました。

ヒーサーの森で毎年開催され、2011年で11回目を迎えた親子写生大会

その最たる象徴といえるのが、『ヒーサーの森』です。

ヒーサーの森（レッドヒル）は、母・ひさ子が「人と自然がともに生きることを許された場所を」という思いを込めて長い年月をかけてつくりあげた、自然の恵みあふれる森。

木登りをしたり山を駆け下りたり、滑ったり転んだり、すりむいて痛い思いをしたり、野に咲く花の美しさに思わず心を奪われたり――。私たちが子どもの頃に駆けまわった自然が、ここには残っているのです。

また、この森では、十年以上前から毎

年恒例の親子写生大会も開催されています。

四季折々に咲き誇る花木、そこに生息する生き物たち。やわらかく差し込む木漏れ日、ザワザワと木々を揺らし、やさしく頬をなぜる風――。命の尊さや自然と共存することの大切さを教えてくれるこの森は、子どもたちにとって、まさに「花育」の場であり、世界中の子どもたちへの、母からの贈り物なのです。

※

そして私たち赤塚グループが、子どもたちのためにこれから取り組んでいきたいのは、水の大切さを伝えることで豊かな心と健全な体を育む「水育」です。

これはＦＦＣテクノロジーという技術を授かった私たちだからこそできることであり、与えられた使命でもあると思うのです。

ＦＦＣの水を活用して自由に実験をすることで、子どもたちに驚きや感動、そして水や自然への興味を持ってもらいたい。

子どもならではの自由な発想なら、私たち大人には思いもつかない実験が行われ、想像もしなかった実証結果が生まれるかもしれません。

ちなみに岡山県のある小学校では、授業でＦＦＣが題材として取り上げられたそうです。

こうした経験は、子どもの情操教育にとっても非常にいいことではないかと思うのです。身をもって体験したこと、自分の力で発見したことを、子どもたちは決して忘れません。

ＦＦＣの力に接することで、おもしろい体験、驚きの体験、感動の体験をしてほしい。小さい頃から、そういう経験を積み重ねさせてあげたい。

水こそが、地球の命そのものであるということ。

水には「甘い水」と「辛い水」があること。

すべての生命を育む水が、本来の力を失っていること。

美しい水を取り戻すことができたら、地球はよみがえるということ。

それを学んでほしい。

人によって汚染された水を、太古の美しい水、生命を育む力にあふれた水に再生するＦＦＣテクノロジーに触れることで、地球環境や命の尊さを学んでほしい。それが、私たちにできる「水育」だと思っています。

十年後、二十年後の世の中を支えていく、この国を背負っていく子どもたちに貴重な体験を提供できる場をつくっていきたい。

赤塚グループの社長として、子を持つひとりの親として、「水育」という分野に積極的に取り組んでいきます。

ＦＦＣの未知なる可能性を追って　～予防医学から遺伝子情報読み取りまで

予防医学という言葉をご存じでしょうか。その字の通り、病気になりにくい心と身体をつくる、病気にならないように未然に防ぐ医学のことです。

予防医学は、欧米では学問としても重要視されている分野なのに対して、日本ではその意識がまだまだ低く、なかなか認知されていないのが現実です。

日本ではいまだに病気を治す「治療医学」が主流になっており、そのため予防医学は認知度や経済的処遇などもまだまだ低いのです。

しかし自分の健康を自分自身で守る、子どもの健康を親が守る。そういった必要性にもっと目を向けるべきでしょう。

世界規模で環境汚染が広がり、有害物質や環境ホルモンなど人体へ悪影響を与える要因も急増している現代社会。病気になってからの治療ももちろん必要ですが、人間の本来持っている免疫力や自然治癒力を向上させて、健康で病気になりにくい身体をつくることがより必要とされるのです。

そのためにまずできること。それは毎日口に入れるもの、肌に触れるものを見直すことでしょう。

その最たるものが水です。水こそが、すべての生命活動の源だからです。

しかしいまでは、その水も汚染されて本来の力を失ってしまいました。

その水を再生できるのが、私たち赤塚グループが授かったＦＦＣテクノロジーなのです。それは地球上のあらゆる生命の源である水を、私たち人間が汚してしまった水を、太古のように命を育む力に満ちた美しい水に変える技術です。

そうした水を取り戻すことで、私たちも自らの免疫力、自然治癒力をより強くしてよみがえり、病気になりにくい身体を手に入れることができるでしょう。

そう考えると、ＦＦＣは「究極の予防医学」とも言えます。こうしたアプローチからも、ＦＦＣの大きな可能性が見えてきます。

※

さらにもうひとつ、アメリカのハーバード大学で、ある研究が始まろうとしています。

これまでの数々の実証データから検証すると、ＦＦＣテクノロジーによって「動植物が自分の遺伝子（ＤＮＡ）情報を読み取る能力が向上する」という可能性が考えられるというのです。

たとえばある植物が冷害や干ばつなどの厳しい環境にさらされたとしましょう。

その植物がその後どうなるかについては、

「その植物のＤＮＡには、先祖が昔々に厳しい自然環境を乗り越えたときの経験が遺伝子情報として存在していて、同じような厳しい状況に置かれたときに、その遺伝子情報が発動すれば乗り越えて育ち、発動しなければ枯れてしまう」

という仮設が立てられるのだと。

そしてＦＦＣテクノロジーには、ＤＮＡの中から遺伝子情報を読み取って発動させることを促進する、情報読み取りと発動のスイッチをオンにする働きがあるのではないかと考えられているのです。

さらに植物だけではなく人間にも同じことが言えるのではないか。そう考えれば、ＦＦＣテクノロジーの奇跡のような力にも説明がつくのではないだろうか――。

もちろん、現段階ではまだ仮説であり、可能性の域を出ていません。

ですが、もし近い将来、ＦＦＣで遺伝子情報の読み取り能力の向上と、それによってもたらされる発動が促進されることが証明されれば、ＦＦＣによって人は古来持っていた本来の力を発揮することができるようになるのではないか。環境汚染や放射能汚染などに対抗できる免疫力、体力を取り戻すことができるのではないか。

小さい子どもの頃からＦＦＣやパイロゲンを飲むことで、環境危機になったときに遺伝子情報の発動が促進され、危機を乗り越えられるのではないか――。

実はそうした考え方が十年ほど前からあって、現在、ハーバード大学ではＦＦＣテクノロジーについて、遺伝子レベルでの本格的な研究がスタートしようとしているのです。

五十年後、百年後、ＦＦＣが地球の財産となるように

ＦＦＣには、まだまだ未知なる力、未知なる可能性が秘められています。そうした可能性を見いだして解明していくこともまた、私に与えられた使命だと思っています。

そのために私が取り組むべきことは、まだたくさんあります。

たとえば、企業として、より大きな社会的責任を担うべく、これまで以上にグル

ープ一丸となった社内体制の整備も必要でしょうし、さらにお客様の健康に留意した製品ラインナップの充実や、みなさまの健康に役立つ情報の提供もそのひとつでしょう。そして、より幅広い分野の産業界へ向けたＦＦＣの普及活動も大切です。こうした取り組みを日本国内のみならず、より国際的な規模で行っていこうと考えています。

いままで以上にＦＦＣを広めていくためには、何よりもＦＦＣ普及会のみなさまのご協力をいただかなければなりません。そのためにも赤塚グループとして、普及会の社会的地位、社会的価値の向上には全力を注いでいきます。

赤塚グループが、ＦＦＣ普及会が、その力を十二分に発揮できる環境を整える。そんな新しい赤塚グループの土台を築いていきたい。

その土台の上で、五十年先、百年先の未来を見据えながら、ＦＦＣテクノロジーの可能性を追求していきたい。そう思っています。

※

私たちの子どもや孫たちの世代に、素晴らしい地球環境を残したい。

彼らが生きていくこれからの未来は、ＦＦＣが常識のように活用されている時代になってほしい。世界中、どこに行っても当たり前のようにＦＦＣの環境が構築されている素晴らしい世の中であってほしい。

五十年後、百年後も、ＦＦＣテクノロジーが地球にとってかけがえのない財産として活用され続けてほしい。

そんな時代のため、そんな未来のために、赤塚グループの先頭に立って、普及会のみなさまのご支援ご協力のもとで、ＦＦＣテクノロジーを大切に育てていくこと。

それが私の使命であり、私の生きる意味でもあるのです。

赤塚植物園グループ本社周辺（2010年9月撮影）

第四章

夢の担い手へのエール

赤塚充良
（赤塚グループ三社
代表取締役会長）

父から子へ
～息子よ、信頼される真のリーダーとなれ

常に謙虚に、そして前向きに

「世のため、人のために尽くしたい」という一心でこれまで、自分が信じる道をがむしゃらに走ってきました。ときには会社の内情、懐具合も顧みず、社員からも「これじゃ会社がつぶれる」と不安がられるような方法でやってきました。

そんな私ですから、「企業の経営者としてのアドバイス」をするなどおこがまし

い気もするのですが、五十年という歳月の中、私が徹底して守り続けてきた「リーダーとしての心構え」「リーダー論」をお話ししたいと思います。

それは「謙虚である」ということ。

たとえば、ひとつのリンゴを何人かで分けるとしましょう。リンゴをいくつかに切ると、どうしても大小の差ができてしまいます。

そのときは、大きいほうを取ったつもりで、喜んでわざわざ小さいほうを取る。たとえどんなに空腹だったとしても、大きいほうは他の人たちに譲る。

リーダーになる者は、そうでなければいけません。自分よりも人のこと。日常の些細なことにも謙虚で、自己犠牲の精神をもって対処する。

そうした考え方と行動が、リーダーとしての地位を築いていくのです。組織からの信用につながっていくのです。

それを「いやぁ、今日は朝から何も食べてないから腹ペコで」と言って、真っ先に大きいほうにかぶりつくようでは人の上に立つリーダーにはなれません。

私が謙虚であることの大切さを痛切に感じたのは、若い頃のアメリカでの体験です。

私は二十三歳のときにカリフォルニア農業研修生として渡米し、クルミ農園で三年間働いたことがあります。一緒に働いていた日本人の仲間が七人いたのですが、中学校しか出ていない私はいちばん学歴が低く、他はみんな優秀な若者でした。

三年間の研修期間が終わって日本に帰国する際、クルミ農園の社長夫婦から仲間全員にパーカーの万年筆がプレゼントされました。喜んでさっそく開けてみると、どうやら私のだけが他とは色も形も違う。みんなは「パーカー51」でしたが、私がもらったのは「パーカー61」という新型の万年筆だったのです。みんなよりも高級品だったわけです。

もちろん理由はありました。研修の後半、七人のうちで私だけが違う仕事をしていました。農園の社長から、庭の手入れと花の育成を任されていたのです。

他の六人は厳しいクルミ農園の仕事を、私が抜けた分まで負担することになる。私は、そんな彼らが自分のことをどう思っているのか、妬《ねた》まれているのではないかと、いつも心配していました。

しかし、それは杞憂でした。そのことで私自身、偉そうな態度を一切取らず、自分だけ特別だという意識も一切持たず、自分が任された仕事を精一杯やることだけを考えていたら、誰からも何も文句は出ず、嫉妬されることもなかったのです。

そこにきて最後に――私だけが新型パーカー――です。内心、困ったなと思いました。こんな差をつけられたら、さすがに妬まれると思ったのです。

しかし、それもまた杞憂でした。仲間は誰もみな「おまえは特別に余分な仕事をしたから、きっとそのご褒美さ。俺たちに遠慮するなよ」と言ってくれました。妬むどころか、自分のことのように喜んでくれたのです。

そのとき、分かった気がしました。組織がまとまる、調和するというのはこういうことなのか、と。自分のすべきことを、謙虚に、ひたむきに努力していれば、どんな状況になろうとも、みんなそれをきちんと評価して信頼してくれるのです。

このときの経験は、赤塚グループの社長になってからも、常に私を支えてくれた大きな財産になりました。組織のリーダーとしてのあり方も、この経験から生まれたのです。

組織の上に立つ者、人を動かす立場にある者こそ、誰よりも謙虚でなければならない。

真のリーダーとは、声が大きい者でもなければ、年齢が上の者でもない。常に謙虚で、しかも建設的に前向きに物事を考えることができる者です。

私は現在も○○会会長とか△△会理事といった仕事を引き受けています。「もうそろそろ……」とも思うのですが、辞めたくても、なかなか辞めさせてもらえない。耕一には、そういうリーダーになってほしい。「辞めたい」「はい、どうぞ」と言われるようなリーダーではダメなんですね。

そのためには、自らの努力が必要不可欠なのは言うまでもありません。常に前を向いて、常に謙虚で、常に輝いている――。日々勉強、日々経験、日々反省、そして日々前進。

新しく社長となった息子・耕一には、組織から信頼され、人がついてくる真のリーダーになってほしいと心から願っています。

新しい赤塚グループの躍進に期待

みなさんご存じの通り、私はとにかく「これだ！」と思ったらすぐに行動する性分です。これをやれば世の中のためになる、多くの人にＦＦＣを知ってもらえる、そう思ったら、すぐやらなければ気がすまない。「資金？　そんなん後で、なんとでもなるがな」といったことも珍しくありませんでした。

経済活動をしている企業の経営者としては、あまり褒められたことではないでしょう。しかし幸いなことに、私にはよき妻がいました。懐具合も考えずに飛び出してしまう私を後方でしっかりと支援してくれる相棒がいたから、いまがあります。実際のところ、これまでの赤塚グループは実質、妻が「経営者」で、私は「段取り担当」にすぎなかったと言ってもいいでしょう。

前だけを向いて走る私を、妻が手綱でグッと操り、引き締める。そうやって、私たちは二人三脚で赤塚グループをまとめてきました。

しかし耕一は、それをひとりでこなさなければなりません。赤塚グループ三社をひとりでまとめていく。それは、決して簡単なことではないでしょう。

さらに、彼はＦＦＣ普及会も引き継ぐことになります。

普及会会員のみなさまは、損得勘定で結びついている人ではなく、私の夢に賛同し、共感してくださった方々。言ってみれば私のファンの方々なのですね。

彼には、このファンの心を上手に引き継いでもらわなければならない。私のファンから「耕一のファン」になってもらわなければならないんです。

社長就任後に会員の方々にお披露目する機会がありましたが、おかげさまで彼の評判は非常によく、みなさんに好感を持っていただけました。

しかし、大事なのはこれからです。彼が彼なりの方法で普及会から信頼を得ていくことが、赤塚グループの、そしてＦＦＣテクノロジーの未来へとつながっていくのですから。

グループ三社にＦＦＣ普及会。耕一はその双肩に大きい責任を背負うことになります。最初からすべてひとりでこなすなど、どう考えても無理な話でしょう。

ですから何でもひとりで抱え込まず、私たち両親を、上手《うま》いこと使ったらいいいんです。会長に退いたとはいえ、まだまだ私たちだって若いし、使い道はたくさんありますよ。

開発や交渉事、そしてＦＦＣ普及会などは私に、財務や社内業務のことは妻に、助言や助力を仰ぎながら、そのなかで自分のやり方を確立していけばいい。そう思います。

※

「人のため、地域のため、日本のため、世界のため、そして地球のために、自分は何ができるのか」と自問自答しながら走ってきた五十年。

「人のために何かができる幸せ。社会に貢献できる喜び」を探しながら駆けてきた五十年。

そんな私の志、信念、理念を、同じ気持ちで受け継いでくれたわが息子に感謝しつつ、少しでもその手助けをしていきたい。そして、新しい赤塚グループの幕開けと今後の躍進を、大きな期待をもって見守っていきたいと思います。

母から子へ
～失敗を恐れず、強い信念を持って進みなさい

赤塚ひさ子
（赤塚グループ三社代表取締役専務）

耕一は姉ふたりの下の弟ということもあって、小さい頃からおとなしい子でした。ただひとりの男の子ですから、やはり母としては可愛かったですね。私も主人同様に仕事やその他の付き合いなどで忙しかったので、さびしい思いをさせたかもしれません。本人はそんなことは素振りにも見せませんでしたが、そのことを思うといまも胸が痛みます。

もともとが真面目な子で、叱られるようなことはあまりしませんでしたが、挨拶や礼儀に関しては厳しくしました。人と人との和が何よりも大切だということは、

大人も子どもも同じ。人としての最低限の礼儀だけはきちんと身につけてほしかったんです。

赤塚グループに戻ってきたときは、正直、とてもうれしかったですね。

会社ではたしかに「息子としてではなく、ひとりの社員」という間柄でなければいけない。アットホームな雰囲気の会社だからこそ、そこで甘やかしてはいけない。耕一が赤塚植物園に入社したときから、私も主人も、そう思ってきました。耕一の将来に期待すればこそ、厳しく接してきたのです。

それでもやはり私は、耕一のいちばん近くにいる応援団です。母として、会社の専務として、わが子の活躍をいつもそばで見守っている、いちばん熱烈な応援団でありたい。

耕一はこれから赤塚グループの長として、二百人を超える従業員をはじめＦＦＣ普及会の方々、関係者の方々をまとめ、多方面にわたる数多くの取引先とのお付き合いをしていかなければなりません。

主人が切り拓いてきた道を、これから先、どうやって広げていくか、延ばしていくか。それは耕一の双肩にかかっています。

それはたやすい、なだらかな道ではありません。もしかしたら、いままで以上に険しいところがあるかもしれません。

それでも自分の信念をしっかりと持って、前に進んでほしいと思います。

主人と同じことをしろなどと言うつもりは、毛頭ありません。あれは、あの人だからできたこと。耕一には彼に合った歩み方、進み方があるはずです。

強いリーダーシップで引っ張った主人と違って、耕一は周囲の声に耳を傾けたり、しかるべき人に相談したりしながら物事を決めていくことができます。それが彼のいいところであり、持ち味であり、リーダーとしての資質だと思います。

ただその持ち味ゆえに、いまはまだ、相談しすぎる面もあるんですね。多くの意見を聞くことは大切です。でも相談しすぎると逆効果で、思い切ったことができなくなってしまう。

ここぞのときには、強い信念でみんなをグイグイと引っ張っていくぐらいでいいんです。「これだ！」と思ったときには、すぐに行動に移すことも大切です。失敗することばかり考えて恐れていても、新しい道は拓けません。

それは私が主人と五十年連れ添って、同じ夢を追いかけて学んだことでもあるんですね。

思い切って言います。どんどん失敗すればいい。恐れて立ち往生するよりも、転んでそこから何かを学ぶほうがいい。そうすることで、初めて未来は拓けるのですから。

主人とともに追い続けてきた自分の夢を、わが子に託すことができる喜びを噛みしめながら、そう思うのです。

兄から弟へ
～赤塚グループをより発展させる「赤塚耕一」という個性

森定 淳
(株)赤塚 常務取締役
兼 東京支店長

耕一君と最初に会ったのは、かれこれ二十五年ほど前でしょうか。私が妻（赤塚充良会長の長女・昌代）と結婚する直前、彼がまだ大学に入る前のことでした。私は当時大阪に住んでおり、彼が大阪にある大学を受験するといってお姉さんのマンションに泊まりに来たんです。

第一印象はやはり「おとなしい子」。ただ、私が彼の姉の結婚相手ということもあって普段以上に緊張していたのかもしれません。それは、私にしても同じだったのですが。

その後、耕一君は東京の大学に入り、私たち夫婦も東京に引っ越しました。東京でもお互いに住んでいる地域が近かったので、彼はウチによくご飯を食べに来ましたね。

彼も私も体格がよくて人の倍くらいは平気で食べるタイプだったので、それこそ二人して競う合うように食べていました。しゃぶしゃぶをやると、私と妻、そして耕一君の三人で、肉二キロくらいは平気で平らげていましたから（妻はほとんど参加せず）。

そんな感じで、耕一君とはその頃からずっと気が合うというか、仲がいいんです。彼には姉がふたりで、男兄弟がいなかったせいかもしれません。いまでも、私も彼も、お互いを実の兄弟のように思っています。

そんな耕一君が、船井総研を経て赤塚グループに戻ってきて、早や十数年。経営者の息子という立場で、将来的には後を継ぐというレールが決まっていることを、彼なりに宿命として認め、責任感をもって一生懸命にやってきたと思います。

二〇一一年の一月、耕一君が社長になる直前のことです。「義兄《にい》さん、話がしたい」と、彼が東京支店の私のところに来て、「常務である義兄さんがいるのに、自分が社長を継ぐのは心苦しい」と胸のうちを明かしてくれたことがありました。もちろん「そんなこと気にすることはない」と諭《さと》したのですが、そういうところにも彼のやさしさというか、人への気遣いが感じられました。

そもそも私は、赤塚に戻ってきた耕一君の仕事振りや、人との接し方、人の使い方を見て、「いまの赤塚グループには、耕一君にしかできないことがあるんじゃないか。組織体としての会社を運営していくという点では、むしろ義父（会長）より〝社長らしい社長〟になれるのではないか」

そう思っているんです。

会長はもう、天才です。会長と同じことができる人は、まずいない。あの卓越した想像力、発想力、ゼロから物をつくり出す創造力、聞く人を引きつけて放さない話術——こうしたものは天賦の才能としか思えません。

それこそが会長の魅力であり、人がついてくる人間力でもあります。何を隠そう、私もその人間力に魅せられたひとりです。だからこそワンマン、いいえ、それ以上のオンリーワンマン社長として赤塚グループを牽引してくることができたのです。耕一君は、会長と同じことをする必要はまったくありません。というか、できないでしょう。

そのかわり、彼には彼らしい大きな能力があります。それは「人の話を聞く力」です。

創造力や発想力はまだまだ会長の足もとにも及ばないでしょう。しかし彼は、多くの意見を聞き、その考えを取り入れて考え、そして自分で判断することができる。ひとつの決定をさまざまな方面から吟味し検討できる、というバランス感覚に非常に長《た》けています。

これは、現代社会における経営者に必要不可欠な要素です。彼が「社長らしい社長」になれると思ったのは、このバランス感覚を持っているからなんですね。

※

社長に就任した後、耕一君にひとつの変化がありました。仕事などで物事を述べる際に、常に「〜します」とはっきり言い切るようになったのです。それ以前は「〜しようと思います」「〜したいのですが」だったのが、明確に断言する口調に変わってきました。

立場やポジションが人をつくるといいますが、耕一君の中に「これからは自分が決めていく」という覚悟と責任が大きく芽生えてきた証しだと思いました。元来、彼は責任感の強い男です。ソフトな物腰の中に秘めた意志の強さには驚くべきものがあります。

耕一君は「宣言できるリーダー」になれる素養を持っています。

赤塚グループでカリスマというと、どうしても会長のこと、会長を指す言葉と思われがちですが、耕一君にも十分に「カリスマ」としての資質はあります。

人の意見に真摯に耳を傾けたうえで自らの意思で判断し、反対意見の人とも切り捨てたり振り切ったりせずに腹を割って向き合い、その決定を高らかに宣言して、みなを納得して従わせる。

これこそが、耕一君だけがなり得る新しい赤塚グループのリーダー像であり、彼の持つひとつの「カリスマ性」である。私はそう思っているんです。

これまでの赤塚グループは、会長が唯一無二の才能で牽引し築き上げてきた会社です。その会社を会長と同じタイプ、同じやり方の人が継いだところで大きな発展は見込めないでしょう。なぜなら会長・赤塚充良は天才であり、会長と同じやり方をしても、誰一人彼以上にはできないことが明白だからです。

会長とはまったくタイプが違い、会長とは異なる経営者の資質にあふれたいまの耕一君が後を継ぐからこそ、これからの赤塚グループには何倍もの、ともすれば桁違いの発展ができる可能性が期待できるのです。

※

彼にひとつだけ助言をするならば、「自分の考えや思っていることを、もっと上手に人に伝える術を身につけてほしい」ということでしょうか。

もちろんこれは経験や場数にもよるのですが、経営者にとっては非常に重要なスキルですから、いま以上に磨いてほしいと思います。

耕一君が「社長らしい社長」として赤塚グループを新しい時代に導いていく。そのためには、私はどんな応援でも、どんなバックアップでもするつもりです。

赤塚耕一は、他の誰でもない、赤塚耕一でしかありません。その自分にしかできないことに思い切りチャレンジするべきです。

「きみの好き放題やりなさい」——。

個性と才能にあふれた社長、輝く未来をつくりだせる経営者として、自分の進みたい道をまっすぐに進んでほしいと思います。

姉から弟へ

～気負わず、自分自身のやり方を貫いてほしい

森定昌代
(株)赤塚植物園取締役
(株)赤塚　執行役員

母と姉二人という女性が多い家庭で育ったせいか、弟は子どもの頃からおとなしくて、やさしい子でした。そしてその一方で、内に秘めた芯の強さや意志の強さも持っていましたね。

弟の通った小学校は、地元ではなく津市内にある国立校だったのですが、バスと徒歩で片道約一時間半の通学を六年間、ひとりで通いきりました。

近所の子どもたちはみな地元の学校に通っていたため、学校に行くときはいつもひとり。学校のお友だちはいても、やはり下校のときはひとりになる。

小学生の子どもにとっては、大人が想像する以上に大変だったと思います。私などは、歳が離れているせいもあってすごく心配したものですが、本人は嫌がることもなく黙々と通いきった。贔屓《ひいき》目でなく、立派だなと思ったものです。

大学を卒業していろいろな経験を積んで赤塚グループに戻ってきた弟は、昔のままの印象でしたね。謙虚で物静かで人当たりもソフト。そのうえさらに社会人としての思慮深さも備わっていて、その姿は堂々たるものでした。

会社を継ぐまでの常務時代を見ても、立場をわきまえて父（当時は社長）をしっかり立て、自分は出しゃばらず陰にまわってサポートする。本人は気づいているかどうか分かりませんが、まさに父を支えてきた母と同じスタンスなんですね。そうした仕事ぶりは、姉ながら素晴らしいと思い、尊敬もしています。

二〇一一年（平成二十三）一月に社長職を引き継いでからは、より堂々と自信を持って仕事に臨んでいるように感じます。彼にはもともと「自分が赤塚を継いで、よりよくしていく」という自覚があったようですが、表舞台に立ったことで、その自覚がより確かなものになったのでしょう。

取締役である私ができるのは、新しい赤塚グループをつくっていく彼を全力で手助けすること。それに尽きます。

赤塚グループはその成長とともに従業員数も増え、社内での組織化はかなり進んでいます。ときには現場の声や思いが、トップである社長に直に届きにくくなるといった弊害も出てくるかもしれません。

そんなときには社長と現場の社員、そして会長（父）、専務（母）をつなぐパイプ役、潤滑油となって、風通しをよくするというのも私の役目になるでしょう。日々の業務で一緒になることは少ないのですが、できる限りのサポートをして、彼が社長業に専念し、まっとうできるような環境をつくりたいと思っています。

※

社会人の先輩として、赤塚グループの取締役として、姉として、ひとつアドバイスをするとすれば、「気負わずに、自分のやりたいことやスタイルを貫いてほしい」

ということ。

強烈なカリスマ性で赤塚を育て上げてきた偉大な父の後を継ぐわけですから、そのプレッシャーの大きさは想像するに難くありません。

でも、大丈夫。彼はプレッシャーをやりがいに変えることができると信じています。

私はいま、東京・銀座にある赤塚グループ東京支店「銀座サテライト」での業務が多いのですが、そちらにお見えになるＦＦＣ普及会の方々からも「新しい社長はみんなをやさしく包み込んでくださるような方」「素晴らしい方」というお褒めの言葉をよく頂戴します。

父の理念、赤塚の理念をしっかり受け継いでいくことが大事なのであって、その手段は違ったっていいのです。そうすれば、人はついてきます。従業員も、普及会の方々も、お客様も。そして、結果もおのずとついてくるでしょう。

これからも持ち前の謙虚さ、柔らかさ、そして意志の強さを十分に生かして、新しい赤塚グループを引っ張っていってもらいたいですね。

谷 公美

（株）赤塚植物園取締役

姉から弟へ

～持ち前のバランス感覚と自然体を忘れずに

弟が赤塚グループに戻ってきたときには、「ああ、やっと帰ってきてくれた」とありがたい気持ちになりました。

私は弟が戻る七～八年前からすでに赤塚で仕事をしていたので、これから弟とともに仕事ができるという安心感、心強い相談相手ができたうれしさでいっぱいだったのです。

そして一緒に働くようになってからは、「たくましくなったな」という印象を強く持つようになりました。

それまで弟は、学業と就職で実家を離れていたので、姉の私にとっては、小さい頃の「かわいい弟」のままでした。それが、グンと頼もしくなっていたのです。そばで見ているとと弟の考えがよく分かります。会社全体を見渡しながら、従業員が力を発揮しやすいような、普及会が活動しやすいような環境を整えていく。それが社長としての役割のひとつだと、弟は考えているのですね。

これまでのいいところはそのまま残しながら、時代に合わせて変える必要がある部分には思い切って手を入れる。また、いいと思ったことは積極的に取り入れる。そうしたバランス感覚に秀でているところも弟の持ち味であり、父とは違った経営者としての素養だと思うのです。

会長となった父も強い個性とリーダーシップの持ち主でしたが、弟も負けず劣らず、しっかりした土台を持っていると思います。

赤塚に戻る前に、船井総合研究所に就職してコンサルティングの仕事を経験したことが、いまの彼にとって大きな財産になっているのでしょう。

赤塚に戻ってきて十五年たったいまも、彼の経営に対するいろいろな考え方、幅広いものの見方に、私はもちろん他の従業員も驚かされることがよくあります。さまざまな企業の経営に接して会社組織や企業のあり方、社会経済の仕組みや動向などを学んだことで、物事をより広い視野、高い視点で見ることができる。

それは社長として会社を牽引していくために必要不可欠なものであり、彼はそれをしっかりと身につけて自分のものにしているんですね。

弟は年を重ねるごとに大きくなっていく、そんな印象を強く持つのです。

※

五十年という長い歴史を歩んできた赤塚グループを新たに引き継いでいくのは、本当に大変なことだと思います。悩むことも、壁にぶつかることもあるはず。特に新しい社長となって最初のうちは、何かと注目されることも多いでしょう。

でも、そんなときでも、彼にはいつでも「自然体」でいてほしい。

穏やかでどっしりした安心感があり、しかも一本芯が通った意志の強さを持っている。それが弟の「自然体」の姿です。弟には自分のやり方を信じて常に自分らしくあってほしい、そう思うのです。

「バランス感覚と自然体」という弟の魅力や持ち味が父の時代とはまた違った赤塚グループの一新しい味」になるだろうと期待しています。

そして弟が、両親をはじめたくさんの方々の力によって築き上げられた赤塚グループを、より魅力的な企業に成長させてくれると信じ、全力で協力し支えていきたいと思っています。

おわりに

タイのコンケン市に赤塚グループの海外農場（アカツカナーセリー・タイランド）がある関係で、タイをはじめ東南アジア方面に出張することがよくあります。そして訪れた先の国々で目の当たりにするのが、水の悪さ、劣悪な水事情です。

世界では水質汚染による伝染病で、八秒に一人の子どもが亡くなっているといいます。また東南アジアやアフリカなどの途上国では、病気の原因の八割近くが、河川の水質汚染によるものだとも言われています。

上下水道のインフラ整備もままならず、生活排水や工場排水は未処理のまま排出される。公衆衛生という概念すら持っていない。そんな劣悪な水事情の中で、それでもその水を頼りにして生活せざるを得ない人々がたくさんいます。

すべての命の源であるはずの水が、人々の、子どもたちの命を脅かしているのです。

私は思いました。こうした地域にこそ、汚染された水を、命を育む生きた水へと改質するＦＦＣテクノロジーが必要なのではないかと。

私たち赤塚グループはこれまでも、ＦＦＣを世界に広めるために一歩一歩と着実に歩みを進めてきました。とはいえ、いままで積み上げられてきた実証やエビデンスは、まだまだ国内レベルのものが中心です。

これからはそうした実証を、より国際レベルに広げていかなければなりません。国境を超えて、世界のあちこちでＦＦＣの実証が行われることで、その素晴らしい技術は一気に地球規模にまで認知されていくのです。

途上国をはじめとした水事情の劣悪な地域に、一刻も早くＦＦＣの技術を届けてあげたい。汚れた水を飲んで死んでいく子どもたちを救ってあげたい。

父が、母が、育ててきたＦＦＣという素晴らしい技術を、水で苦しむ世界の人々の手に少しでも早く届ける。ＦＦＣによる国際支援、環境支援の具体化、実現化は、赤塚グループの新社長である私の大きな使命だと思っています。

※

赤塚グループの新社長に就任してから二カ月後の二〇一一年三月十一日。東北地方を中心に未曾有の被害をもたらした東北地方太平洋沖地震が発生しました。被災されたみなさまに心よりお見舞い申し上げます。

強烈な揺れとそれに伴う津波。大自然が振るった猛威の前で、私たち人間はあまりに無力でした。

そしてこの地震に伴う福島第一原発の事故は、放射性物質の拡散という、重大で深刻な事態を引き起こしています。

片や大自然が猛威を振るい、片や原発事故という最たる人為的行為の綻《ほころ》びから、最悪の自然環境汚染が進行しているのです。

テレビや新聞などで被災地の惨状を目にするたび、「私たちには何ができるだろう」と自問自答を繰り返しました。

まず宮城県の避難所を訪問し、被災者の方から「いま、いちばん足りていないもの」を聞いてきた父の進言で、すぐにＦＦＣのソープ六千個を避難所に送りました。

そして従業員と普及会の方々のご協力で、義援金として約一千万円を寄付。また東北地方で被災されたＦＦＣ普及会の会員の方々には、会社からお見舞いの品をお送りしました。

さらにわが社ならではの支援として、日本全国の会員のみなさまにご注文いただいたパイロゲンを、赤塚グループから直接、被災地の方にお送りする「被災地応援パイロゲン」というシステムを立ち上げました。こちらにも非常に多くのご協力をいただいており、心から感謝しております。

こうした人道的な支援は、今後も長い目で見て、その体制や対応の方法を考えながら引き続き行っていきます。

そしてそれ以上に私たち赤塚グループができること、私たちにしかできないことを考えたとき、それはやはりＦＦＣテクノロジーを利用した復興開発支援だと思うのです。

東北地方ではいま、自然も、街も、人も、本来の力を失いかけています。津波に襲われた農地では塩害が広がり、空気や水や土壌、そして人間や生物までもが原発事故による放射能汚染の危機にさらされています。

水質改善から土壌改質まで、さまざまな実証実績のあるＦＦＣテクノロジーならば、きっと何かのお役に立てるのではないか。

満身創痍の東北地方に、被災した山や海や街に、何かしら、未来への光明となるキッカケを与えられるのではないか。私は、そう考えるのです。

現在の段階では、ＦＦＣテクノロジーが放射性物質に対してどのような反応を示すのか、科学的にもまだ明らかになってはいません。しかし地球を地球たらしめてきた水、すべての生命を育んできた水を再生するこのＦＦＣテクノロジーは、私たちも知らない未知なる力をまだまだ秘めているはずです。

ＦＦＣテクノロジーが導く〝奇跡〟を、誰よりもまず、それを授かった私たちが信じなければいけません。いまこそが、ＦＦＣを信じて「世の中のため、社会のために尽くす」という理念を果たすときなのです。

そんななか福島県のある村では、個人レベルではありますが、ＦＦＣテクノロジーを利用した土壌改質、農地改良ができないか、模索しています。

私が直接、現地まで足を運び、関係者の方々と打ち合わせをしながら、希望される農家の方々に無償でＦＦＣエース（ＦＦＣテクノロジーによる特殊な処理を施した土壌改質材）の提供やＦＦＣ処理水の散布を行うことで、農地再生のお手伝いをさせていただく話をしています。これらの試みから実証データとして評価されるような結果が出てくれば、さらにその輪を広げていくつもりです。

それが、私たちにしかできない、ＦＦＣによる復興開発支援となっていくのです。

※

「一人の健康から地球の未来まで」――赤塚グループが掲げるスローガンの意味を、いまほど重く、噛みしめたことはありません。

「世のため、人のために尽くしたい」――父と母が貫いてきた理念の偉大さに、いまほど強く、心を揺さぶられたことはありません。

日本は、世界は、地球は、まさに「待ったなし」の瀬戸際に立っています。

海を、空を、山を、街を、動植物を、そして人を、いきいきと生命力にあふれた本来の姿によみがえらせたい。それはこの地球上に生きるすべての人の願いです。そのためにできることは人によって、国によって、地域によって、いろいろ異なるでしょう。しかし、できることは必ずあります。一人ひとりが、いま、自分にできることをやる。その積み重ねと集結が、地球再生の大きな力になるのです。

だから私たち赤塚グループは、ＦＦＣテクノロジーをいままで以上に世界に向けて広めていきます。この可能性に満ちた技術は、必ずや、地球上に生きとし生けるものすべての生命を強く、美しく、エネルギーに満ちたものとして再生してくれる。そう確信しています。


創業五十年という会社の大きな節目に、東日本大震災という世界の価値観を覆すような災害が起きた年に、赤塚グループを継ぐ。そのことに大きな意味と運命を感じています。

あとがない危機的状況の地球環境を前にして、いま、何ができるのか。しなければいけないことは何か。日本や世界の未来に、何を残せるのか。

その答えを見つけられるのか。導き出せるのか。

大きく、重く、しかしやりがいに満ちあふれた仕事と責任が、私を待ち受けています。

父が、母が、赤塚に関わるすべての先人が、熱い思いで築き上げた花と水、そして夢。そのすべてを受け継いで、焦ることなく、立ち止まることなく、常に前向きに、赤塚グループの新しい歴史を刻んでいきたい。

私の挑戦は、まだ、始まったばかりです。

赤塚耕一

赤塚グループと赤塚耕一 略年表

	赤塚グループのできごと	赤塚耕一の歩み
1961年(昭和36)	赤塚植物園創業	
1966年(昭和41)	洋ランの組織培養の研究に着手	
1967年(昭和42)	洋ランの組織培養技術を確立し、大量生産を開始	
1968年(昭和43)	安濃農場(1万坪)開設	三重県津市高野尾町にて誕生
1971年(昭和46)	農事組合法人アカツカファームを設立 新社屋の建設	
1972年(昭和47)	(有)ブラジル赤塚植物園を設立	
1974年(昭和49)	米国ハワイ州ヒロ市に(株)ハワイ赤塚植物園を設立	三重大学附属小学校に入学
1982年(昭和57)	東京営業所設立	
1984年(昭和59)	赤塚物産(株)設立	
1985年(昭和60)	父・充良が水の働きに着目し、FFCテクノロジーと出合う。 「FFCパイロゲン」の製造・販売を開始	

1987年（昭和62）	三重県津市内に花と緑のオアシス「フローレルアカツカ」を開設	
1988年（昭和63）		中央大学経済学部に入学
1990年（平成2）	本社社屋完成	
1991年（平成3）	創業30周年記念式典	
1992年（平成4）	カトレア会（現・FFC普及会）発足	船井総合研究所入社、大阪本社に配属
1995年（平成7）	（株）エフエフシー・ジャパンを設立。FFCセラミックスシステム装置のレンタル・土壌改質活性培土の販売を開始	船井総研を退職後、留学のため渡米
1996年（平成8）	アカツカFFCパビリオン完成	（株）赤塚植物園入社、営業部国際担当
1998年（平成10）		グループ企画調整室長
		（株）エフエフシー・ジャパン取締役
		（株）赤塚植物園取締役
		赤塚物産（株）取締役

1999年(平成11)	FFCパイロゲンが初出品でモンドセレクション金賞受賞 FFCパイロゲン関工場の完成・始動 FFCホール完成	(株)エフエフシー・ジャパン取締役兼企画情報部長に
2000年(平成12)	希少生物遺伝資源保存温室の建設始まる FFC国際フォーラム(FFCワールド2001)推進委員会発足	取締役グループ企画調整室長 兼(株)エフエフシー・ジャパン取締役企画情報部長に
2001年(平成13)	赤塚物産(株)を(株)赤塚に社名変更 FFCユートピアファーム完成 「FFCワールド2001」開催	(株)赤塚植物園、(株)エフエフシー・ジャパンの常務取締役に
2002年(平成14)	衛星放送番組「FFC WATER WORLD」放送開始 (株)アカツカナーセリー・タイランドを設立	
2004年(平成16)	熊本県天草地方の楊貴妃湾で海洋改善を願う「ドラゴン伝説2004」開催 FFCメンバー(現・FFCスマイルメンバー)発足	

２００５年（平成17）

中部国際空港開港に伴い、高速船「カトレア号」を寄贈

「愛・地球博」バイオラングにオフィシャルパートナーとして参加

愛・地球博ささしまサテライト事業「デ・ラ・ファンタジア」にＦＦＣ元始活水器を提供

創業45周年記念式典

ＦＦＣテクノロジーによる農地再生プロジェクトを開始

「ＦＦＣ国際フォーラム２００５」開催

２００６年（平成18）

カトレア会をＦＦＣ普及会に名称変更

「２００６ＮＥＷ環境展」に出展。ＦＦＣの紹介とバイオラングを再現

「アンチエイジング国際シンポジウム＆エキスポ東京２００６」に公式協賛。ＦＦＣパイロゲンがグランプリを受賞

２００７年（平成19）

「第27回日本医学会総会」に特別協賛として参加

２００９年（平成21）	赤塚グループ東京支店「銀座サテライト」を開設 ＦＦＣパイロゲン、ＦＦＣパイロゲンゴールドがモンドセレクションで最高金賞受賞 環境マネジメントシステムＩＳＯ１４００１認証取得 「ＦＦＣ国際フォーラム２００９」開催（同会場で「ＦＦＣすこやか物産展」を併催）	ＩＧＣＡ（国際ガーデンセンター協会）理事に就任
２０１０年（平成22）	本社新社屋完成 創業50周年記念式典&ＦＦＣミュージアム完成披露 ＦＦＣパイロゲンスペシャル３発売	ＩＧＣＡ世界大会の日本大会実行委員長
２０１１年（平成23）	ＩＧＣＡの世界大会が日本で開催	グループ３社の代表取締役社長に就任

謝辞

本書をまとめるにあたって自分の人生を振り返ってみたとき、私のこれまでの人生は、多くの方々の支えがあってこそのものだったのだとあらためて実感いたしました。

この場をお借りして、赤塚グループの従業員、取引先の方々、そしてＦＦＣ普及会のみなさま、その他ご縁をいただいたみなさまに感謝いたします。

また、本書の発刊に際して大変お世話になった、株式会社ワニ・プラス社長の佐藤俊彦様、フリーエディターの柳沢敬法様、株式会社ふじやま学校のみなさまに、この場を借りて厚く御礼申し上げます。

最後になりますが、本書でエールを送ってくれた父、母、兄、姉、そして私の傍らでしっかりと家庭を守り、陰ながら支えてくれている妻・摩美に感謝の気持ちを捧げたいと思います。

赤塚耕一

【著者略歴】

赤塚　耕一（あかつか　こういち）

赤塚植物園グループ（株式会社赤塚植物園、株式会社赤塚、株式会社エフエフシー・ジャパン）代表取締役社長。

１９６８年、三重県生まれ。中央大学経済学部卒。１９９２年より経営コンサルティング会社に勤務し、さまざまな業種の企業の経営支援業務に携わる。１９９６年、（株）赤塚植物園に入社。グループ企画調整室長を経て、２００１年、（株）赤塚植物園、（株）エフエフシー・ジャパンの常務取締役に就任。新規事業の構築・推進、花卉・水関連技術にかかわる研究開発、海外取引業務などの責任者としてグループを支えてきた。２０１１年1月より現職。ＩＧＣＡ（国際ガーデンセンター協会）理事。

花を、水を、夢を継ぐもの

FFCテクノロジーで地球環境改善に挑む！

２０１１年10月5日　初版発行

著者……………赤塚耕一

発行者…………**佐藤俊彦**

発行所…………**株式会社ワニ・プラス**

〒１５０－８４８２　東京都渋谷区恵比寿4－4－9

えびす大黒ビル7階　電話　０３－５４４９－２１７１（編集）

発売元…………**株式会社ワニブックス**

〒１５０－８４８２　東京都渋谷区恵比寿4－4－9

えびす大黒ビル　電話　０３－５４４９－２７１１（代表）

編集協力………**柳沢敬法**

装丁……………**小栗山雄司**

印刷・製本所…**大日本印刷株式会社**

ＤＴＰ…………**株式会社オノ・エーワン**

ISBN　978-4-8470-9019-6